Introduzione

L'universo della manipolazione di immagini digitali non è fatto solamente di proposte commerciali, come il valido **Adobe Photoshop**, ma anche di un folto gruppo di software gratuiti e opensource. Fra questi spicca certamente **GIMP**, il più amato e diffuso in Rete. Con questa guida si analizzeranno i fondamenti di questo programma, sia spiegando le funzioni di base che le novità più recenti.

Il programma propone un set di ricchi strumenti per l'**editing di immagini**, dal disegno alla fotografia, passando per numerosi filtri avanzati. Distribuito con licenza GNU GPLv3+, è un software completamente libero e disponibile per le piattaforme Windows, OS X e Linux.

Per "software libero" si intende la possibilità che sviluppatori terzi ne elaborino e ne pubblichino delle versioni personalizzate e adattate a specifiche esigente: è il caso di **McGimp**, ad esempio, un porting dall'aspetto scuro molto simile a Photoshop.

Il grande successo di GIMP si deve innanzitutto alla sua interfaccia familiare, tanto da renderlo molto affine alle alternative commerciali. La GUI è infatti a pannelli, distribuiti nell'ambiente di lavoro in modo analogo alle proposte Adobe: sulla sinistra strumenti e pennelli, al centro il layout, sulla destra livelli e comandi aggiuntivi. A differenza del rivale, però, garantisce un'ampia versatilità nella gestione dello spazio, poiché ogni finestra è indipendente dall'altra. Il risultato è una piattaforma comoda da utilizzare, veloce e affidabile, pur in assenza di alcune delle funzioni di punta che caratterizzano la concorrenza. GIMP è quindi la proposta ideale per tutti quegli utenti che, pur essendo appassionati di disegno e fotografia, non hanno intenzione di investire in licenze anche particolarmente costose. Le funzioni lo rendono perfetto per il consumatore medio, poiché risponde a tutto quello di cui potrebbe aver bisogno, mentre potrebbe non soddisfare appieno l'utenza professionale. GIMP può essere liberamente scaricato dal **sito ufficiale**, dove si troveranno le versioni di base per Windows, OS X e Linux. In pieno stile di diffusione libera, viene anche fornito un link torrent per chi volesse procurarsene una copia del tutto legittima tramite il P2P. Per alcune distribuzioni Linux, infine, GIMP è già compreso nelle repository di base.

Una volta terminata l'**installazione**, o copiato l'apposito programma nella cartella "Applicazioni" qualora si utilizzasse OS X, il programma è pronto per essere utilizzato. Il primo avvio, tuttavia, potrebbe risultare decisamente lento: GIMP creerà infatti tutte le cache di cui avrà bisogno, compresa quella dei font. In caso si utilizzasse **OS X Mavericks** o **OS X Yosemite**, le ultime due declinazioni del sistema operativo Apple, va segnalato come il primo avvio potrebbe essere particolarmente ostico. La fase di creazione delle cache può essere infatti dilungata in modo anomalo, di conseguenza si consiglia di non forzarne l'uscita anche qualora il software smettesse di rispondere ai comandi. La problematica, fortunatamente, scompare già dal secondo utilizzo.

Area di lavoro

Alla prima apertura, **GIMP** si presenta in una veste familiare: quella tipica di ogni editor di immagini professionale. Non sfuggirà di certo una certa similitudine con **Adobe Photoshop**, anche se la disposizione di menu e funzioni in alcuni casi dimostra anche differenze importanti, così come si vedrà nelle prossime lezioni.

Ecco come appare il programma al suo avvio, come mostrato in Figura

Il primo elemento che salta all'occhio, soprattutto dal confronto proprio con Photoshop, è come le **finestre** di default siano del tutto mobili. Questo significa che potranno essere spostate in qualsiasi punto dello schermo, per ottenere il proprio layout di lavoro preferito e strutturare il workflow a seconda delle proprie esigenze. Attenzione, però: a differenza della proposta Adobe, non sono le singole palette a spostarsi, ma l'intero riquadro che la contiene.

Come facile ipotizzare, tali finestre non sono unicamente mobili, ma possono essere ridimensionate a piacere rispetto allo spazio a disposizione.

Apprese le caratteristiche generiche dell'area di lavoro, si passa alla sua suddivisione. Anche in

questo caso, l'utente si ritroverà in un ambiente particolarmente familiare: la divisione in tre aree di pannello, con la classica disposizione degli strumenti. All'estrema sinistra si trova il classico **Pannello degli Strumenti**, così come consuetudine in qualsiasi software di editing fotografico.

Al centro è naturalmente presente il **layout principale**, ovvero il foglio che conterrà la grafica o la fotografia su cui si vorrà lavorare. Di default è di sfondo nero, solcato dalla tipica icona del coyote di Gimp in contrasto. Come par ovvio, si tratta solo di una maschera di cortesia che verrà coperta dall'effettiva immagine una volta aperta.

All'estrema destra trova spazio un pannello ricco di opzioni, in qualche verso simile a Photoshop ma allo stesso tempo più dinamico. Diviso in due palette differenti, quella superiore offre le funzioni relative ai **livelli**, ma anche ai canali, ai tracciati e alla cronologia di lavoro. La parte inferiore, invece, svela i controlli su tratto del **pennello**, motivi e gradienti. Questo almeno nella sua declinazione di default, poiché le palette incluse possono essere modificate dall'utente a seconda di esigenze specifiche. Non ultimo, non bisogna trascurare il **titolo** della finestra, accanto ai classici pulsanti di ridimensionamento o riduzione a icona. La denominazione si modifica a seconda della funzione selezionata, permettendo così all'utilizzatore di contare sempre un rapido promemoria sull'ultima operazione effettuata.

Infine, è doveroso un breve sguardo a uno degli elementi fondanti, e per questo più ovvi, di Gimp: la **barra dei menu**. Questa si trova sostanzialmente nella parte alta dello schermo, a seconda del sistema operativo utilizzato: su Windows, ad esempio, le varie funzioni saranno inglobate nell'intestazione superiore del software, su OS X invece si troveranno di fianco alla classica icona della mela. Anche in questo caso, l'utente troverà una disposizione già rinvenuta nei software commerciali, dal menu File ad Aiuto, passando per i vari Modifica, Seleziona, Filtri e via dicendo.

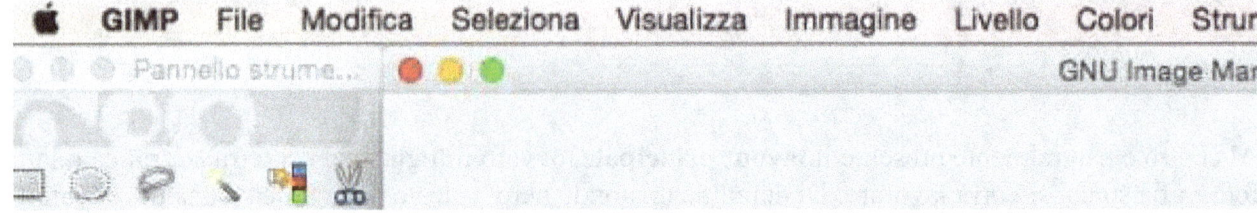

Finestre e pannelli

Dopo l'excursus sull'area di lavoro , è giunto il momento di scoprire quali strumenti e funzioni utili siano presenti nei singoli pannelli di **GIMP**. Molte delle disposizioni spaziali ricorderanno il noto **Photoshop**, tuttavia persistono delle differenze sostanziali da apprendere sin da subito.Di seguito, si illustreranno le caratteristiche di una tipica **disposizione di default**, opportunamente ingrandita per porre l'accento sulle funzioni trattate. Per questo si consiglia di osservare non solo le schermate d'anteprima ma anche la visualizzazione completa, semplicemente cliccando sulle immagini nel testo. Naturalmente, l'utente finale potrà modificare queste finestre a piacere, aggiungendo o rimuovendo strumenti e palette.

Pannello strumenti

Il **Pannello Strumenti**, ovvero quello a sinistra dello schermo, contiene tutti i tool utili per il disegno o la fotografia, dalle unità di selezione ai pennelli, passando per il testo. La prima finestra, quella che occupa la metà più alta dello schermo, è dedicata alla selezione di tali strumenti.

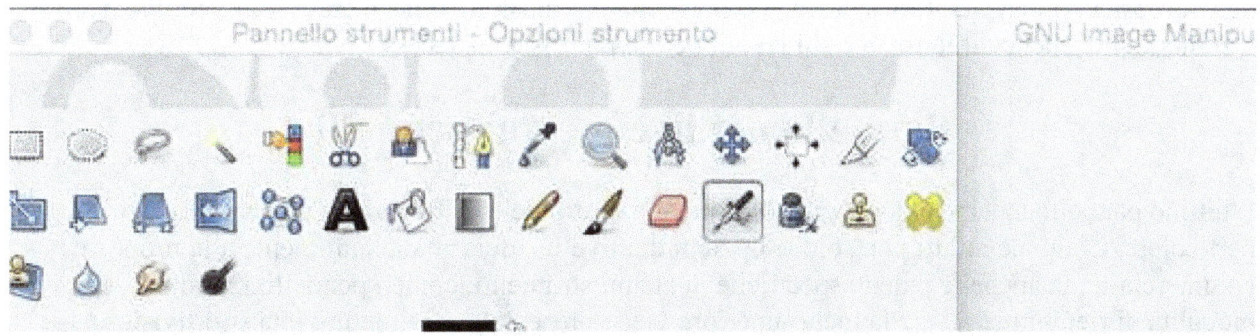

Nella parte inferiore, quella denominata **Opzioni Strumento**, verranno mostrate le specificità e i controlli del tool selezionato. Nella figura sotto, una tipica schermata delle opzioni attive con la selezione dell'Aerografo. Si noterà la differenza proprio con Photoshop, dove tali funzioni sono solitamente conservate nella barra degli strumenti oppure in palette dedicate.

Ovviamente, le funzioni visualizzate si modificano a seconda dello strumento selezionato.

Finestra di layout

Nella finestra centrale di GIMP, così come si è già accennato in precedenza, viene mostrato il **layout** su cui si sta lavorando, sia esso composto da una fotografia o da un disegno digitale.

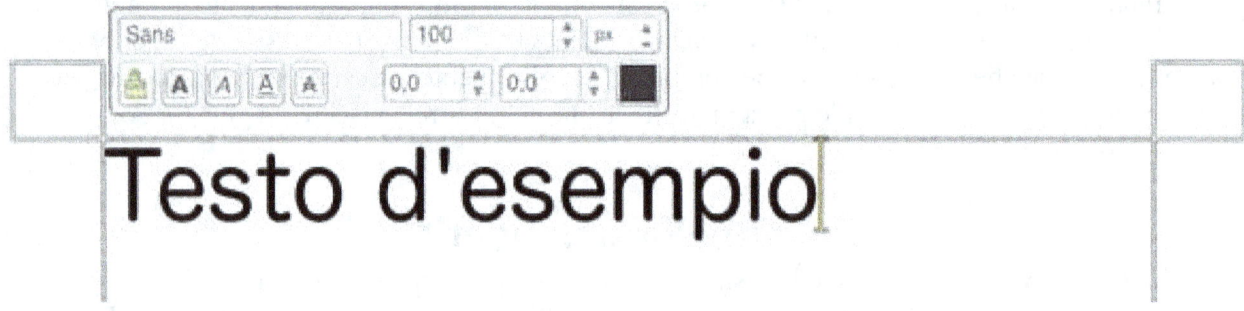

Nella figura si nota un esempio dell'inserimento del testo: balza immediato all'occhio come alcune delle proprietà tipiche del tool selezionato non vengano mostrate unicamente a lato, nel Pannello Strumenti, ma anche direttamente sul layout per un rapidissimo accesso.

Pannello dei livelli e dei pennelli

L'ultimo pannello a disposizione, quello posto alla destra dello schermo, ha una conformazione particolare. Contiene infatti non solo le opzioni dei livelli e dei canali, similmente alle proposte commerciali, ma anche le palette specifiche di alcuni strumenti, come i pennelli, i gradienti e le modalità di riempimento. Nella metà superiore viene presentata innanzitutto una **suddivisione a tab**, di semplice navigazione. La prima linguetta, nonché la più importante, è la classica gestione dei **Livelli**: come in Photoshop, si potrà qui controllare tutti i layer utilizzati, nonché ordinarli, nasconderli o cancellarli, modificarne l'opacità e molto altro ancora.

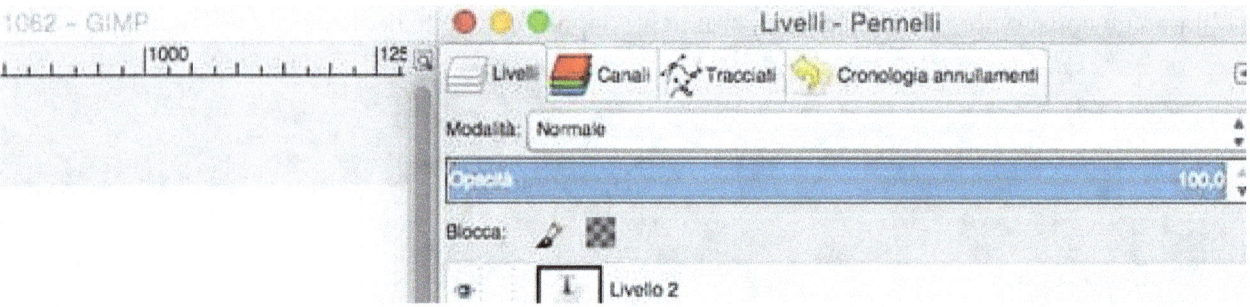

Allo stesso modo, nelle linguette immediatamente successive si trovano i **Canali**, quindi i Tracciati e la Cronologia Annullamenti. Per comodità, si mostrerà qui solo il primo dei tab elencati, poiché i canali sono spesso richiamati dal designer per manipolare le trasparenze, gestire le maschere e molto altro ancora.

Passando alla metà inferiore, invece, si trovano delle opzioni tipiche di alcuni strumenti, raggruppate in comode palette. Il primo tab è occupato dai **Pennelli**: si potranno scegliere le punte di preferenza, la dimensione, gli eventuali filtri, le spaziature e molto altro ancora.

Livello 2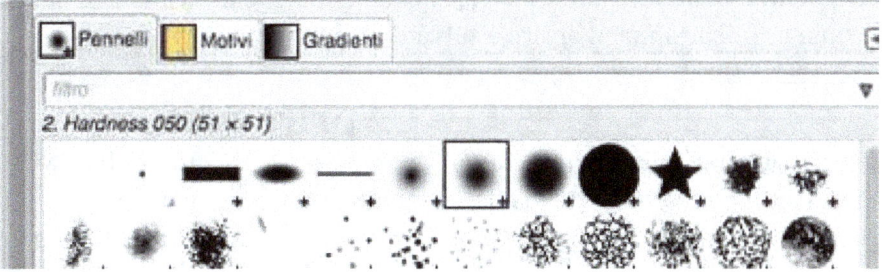

La linguetta successiva, invece, offre un ampio set di **Motivi** di riempimento, dal marmo al maculato passando per il legno, con la possibilità di inserire dei marcatori.

Livello 2

Infine, l'ultima palette disponibile è quella dei **Gradienti**, per creare sfondi o riempimenti sfumati, sia dal colore al trasparente che fra due o più tonalità adiacenti.

Livello 2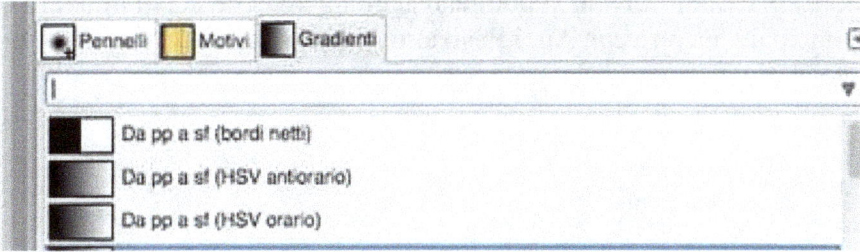

Così come più volte sottolineato, quella presentata è la disposizione di default, che potrà di certo essere modificata a piacere a seconda delle proprie esigenze.

Apertura e salvataggio immagini

Per quanto sia simile a molti dei software commerciali di fotoritocco, il lavoro con **GIMP** può presentare anche delle sostanziali differenze. Per questo motivo, è utile partire dall'analisi degli strumenti e delle funzioni di base, anche quelle che di primo acchito possono apparire fin troppo scontate. Impariamo ad aprire e salvare un'immagine.

Aprire un file

L'**apertura** o l'importazione di un file immagine all'interno di GIMP, affinché possa essere agilmente modificato, ricorda da vicino qualsiasi suite per l'editing fotografico. Vi sono però delle piccole differenze che, forse complice anche l'abitudine, potrebbero generare dei noiosi grattacapi.

L'operazione più semplice per importare un documento sul layout principale, purché in un formato compatibile, è quella di trascinarlo direttamente nell'apposita finestra con il classico **drag & drop**.

Naturalmente, si possono utilizzare anche i menu principali del programma. Selezionando File, si trovano diverse opzioni. La prima è il classico **Apri**, comando che permetterà di scegliere l'immagine navigando fra le cartelle del proprio computer. Ma non mancano funzioni aggiuntive: con **Apri Come Livelli** si potranno aggiungere degli scatti in livelli stratificati rispetto a quello principale, mentre con **Apri Posizione** si potrà agire su una risorsa online, conoscendone preventivamente l'URL.

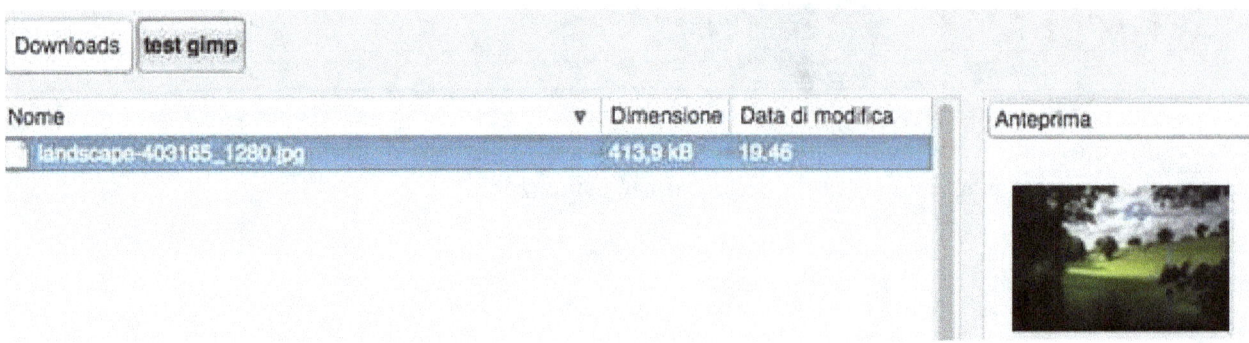

Salvare un file

Mentre il processo d'apertura è praticamente indolore, quello di salvataggio richiede un pizzico d'attenzione in più. Le differenze, soprattutto con **Photoshop**, sono infatti importanti. Si parta dall'analisi del menu File, dove si ritroveranno fortunatamente dei comandi ben noti: Salva, Salva Con Nome e Salva Una Copia.

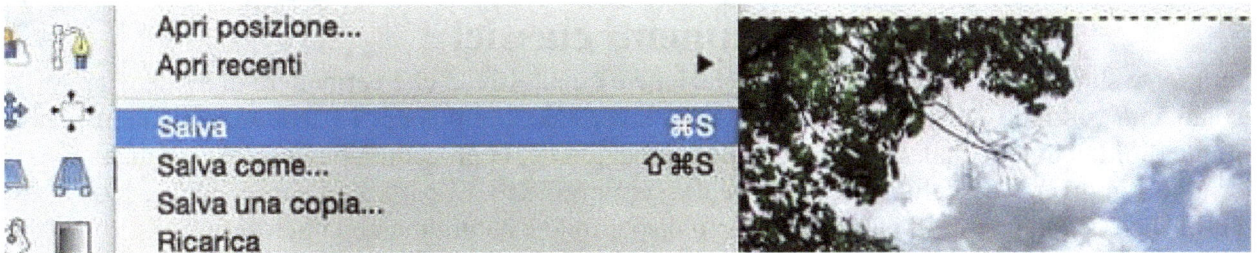

Il comando **Salva** opera praticamente una sovrascrittura dell'immagine, mantenendone il formato. **Salva Con Nome** permette di modificare la dicitura del file ma, opera solo sui formati nativi di GIMP: in questo caso l'XCF, l'equivalente del PSD di Photoshop. **Salva Una Copia**, invece, duplica il file aggiungendone le modifiche, così da evitare perdite non volute dall'originale.

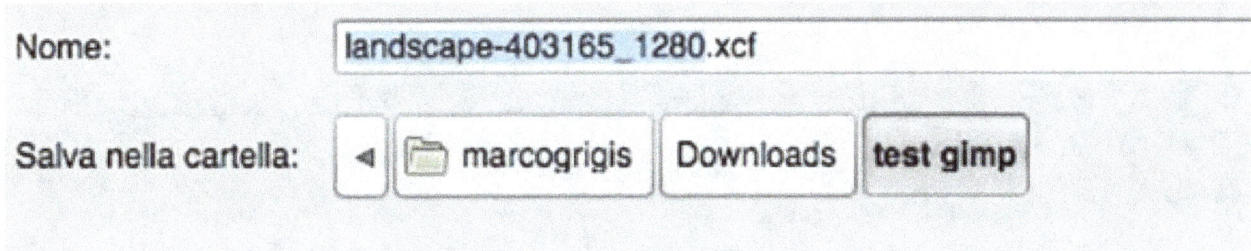

Oltre all'XCF, GIMP può gestire in modo nativo anche gli archivi bzip e gzip, molto popolari nell'universo Linux.

Seleziona tipo di file (Per estensione)	
po di file	Estensioni
or estensione	
ımagine GIMP XCF	xcf
chivio bzip	xcf.bz2,xcfbz2
chivio gzip	xcf.gz,xcfgz

A questo punto, la domanda sarà sorta praticamente in modo spontaneo: come fare per salvare in **JPG**, PNG, BMP o in qualsiasi altro formato tra i più noti? È in questo passaggio la differenza con software come quelli di Adobe: tali opzioni non si trovano nei menu Salva, bensì in quello **Esporta**. Fortunatamente GIMP è in grado di agire su una nutritissima varietà di file, incluso anche il PSD, i RAW, i formati Microsoft e moltissimo altro ancora.

▼ Seleziona tipo di file (Per estensione)	
Tipo di file	Estensioni
archivio gzip	xcf.gz,xcfgz
Codice sorgente C	c
Dati immagine raw	data
Icona Microsoft Windows	ico
Immagine Alias Pix	pix,matte,mask,alpha,als
Immagine BitMap X	xbm,icon,bitmap

Apparirà evidente come, rispetto alla concorrenza, manchino funzioni utili come il classico **Salva Per Web**, così da generare delle immagini che mantengano qualità pur riducendo il loro peso, affinché possano essere facilmente distribuite online. In questo caso si dovrà proseguire manualmente, regolando la qualità dell'immagine con l'apposito slider di salvataggio, cercando di trovare il miglior compromesso.

Strumenti di selezione

La **selezione** è una delle funzioni d'utilizzo più frequente in qualsiasi software di editing fotografico. **GIMP** non fa ovviamente eccezione: propone una serie di strumenti ben nutrita, del tutto simili a quelli già presenti sui rivali commerciali come il famoso **Photoshop**.
Di seguito, una carrellata su tali feature.

Strumenti classici

Sarà forse superfluo sottolinearlo, ma la selezione è quell'attività che permettere di evidenziare o isolare una porzione dell'immagine su cui si sta lavorando, per poter poi effettuare delle modifiche mirate. Solitamente segnalata con un profilo lampeggiante, la procedura può essere portata a termine con diverse modalità, a seconda degli scopi prefissati. Si partirà, di conseguenza, dall'elenco degli **strumenti classici**. Il primo disponibile è naturalmente la **Selezione Rettangolare**, una funzione che non ha bisogno di troppe presentazioni. Dopo aver abilitato lo strumento, si noterà come basti trascinare il mouse sull'immagine per ricreare il rettangolo desiderato. All'occhio balzeranno anche le maniglie di ingrandimento e modifica, ben più grandi rispetto a Photoshop o altri software.

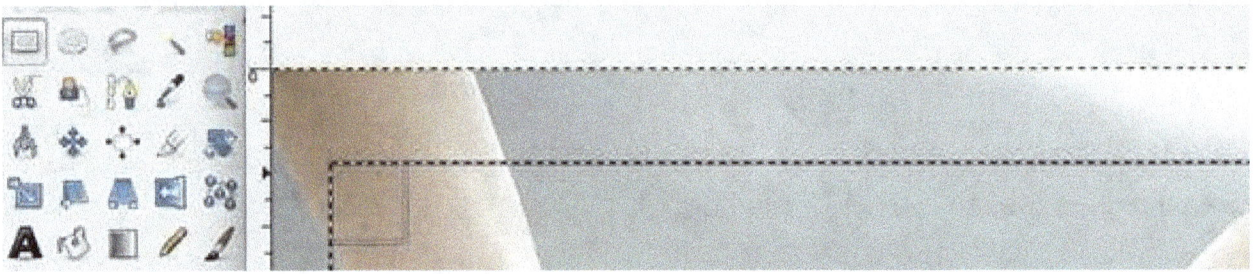

Si prosegue con la **Selezione Ellittica**, pensata per evidenziare una porzione dalle forme circolari per l'immagine a disposizione. Anche in questo caso le maniglie sono estremamente evidenti e, mantenendo premuto **CTRL** in fase di disegno, si potranno mantenere invariate le proporzioni.

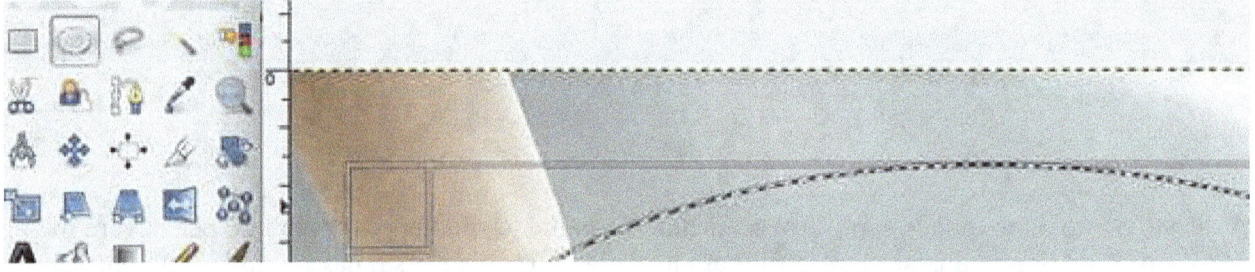

Segue quindi la **Selezione Libera**, nota anche come **Lazo** data l'inconfondibile icona. Questo strumento permette di disegnare un'area senza vincoli sul foglio di lavoro, semplicemente muovendo il mouse o utilizzando il pennino della tavoletta magica. Ovviamente, la selezione non apparirà prima di chiudere il tracciato effettuato.

Amatissima da tutti gli utenti, in particolare dai neofiti per la sua facilità, è la **Selezione a Regioni Contigue**, anche detta **Bacchetta Magica**. Cliccando su un punto qualsiasi della fotografia, il software elaborerà le informazioni di luce e colore per selezionare le aree vicine e simili.

La **Selezione Colore**, in modo simile alla Bacchetta Magica vista poc'anzi, isola un'area in base alle tonalità rilevate sull'immagine. La funzionalità, tuttavia, non è particolarmente fedele quando si ricorre a scatti particolarmente complessi.

La **Selezione Aree d'Immagine**, detta anche **Selezione Forbice**, permette invece di definire un contorno a un oggetto sul layout, il cui perimetro si aggiusterà automaticamente in base all'analisi software di tonalità, luce e altri elementi dello scarro. Lo strumento risulterà particolarmente familiare, seppur con le dovute differenze, a chi è pratico della Penna di Photoshop.

Menu e selezioni multiple

Come facile intuire, a ogni selezione corrisponde un nugolo di **funzioni aggiuntive**, da richiamare sia con il menu principale che con quelli contestuali, di conseguenza con il tasto destro del mouse. La disposizione delle voci è molto simile a quella di Photoshop o altri software, anche se le definizioni possono lievemente cambiare. In particolare, un minimo disorientamento può essere generato dalla funzione "Niente", che corrisponde sulle proposte commerciali al ben più evidente "Deseleziona". Le possibilità garantite sono le più canoniche. Si può optare per una selezione inversa, per la sfumatura del bordo, l'isolamento della selezione attiva su un nuovo livello, l'ammorbidimento del perimetro e molto altro ancora.

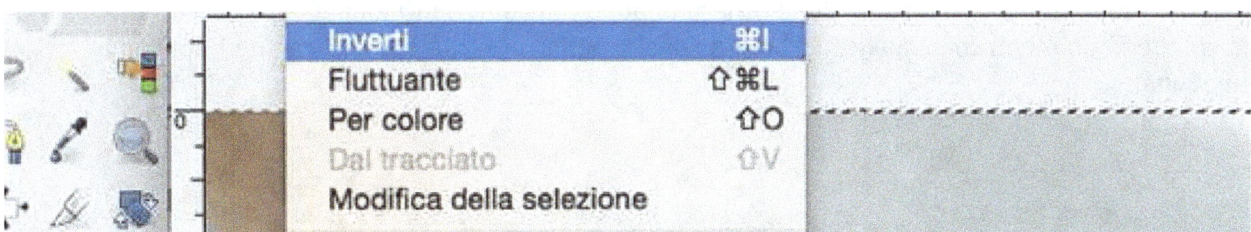

Anche con GIMP, infine, è possibile tracciare delle **selezioni multiple**, a volte chiamate geometriche, per ottenere delle forme particolari. Se lo strumento lo permette, come nel caso della Selezione Rettangolare, basterà tenere premuto il tasto **SHIFT** nel momento che si andrà a disegnare il secondo tracciato. Se le due aree fossero ben distanziate, risulteranno contemporanee ma indipendenti sul foglio di lavoro. Se una loro parte si dovesse sovrapporre, dopo i dovuti aggiustamenti e la conferma con il tasto invio, la selezione verrà geometricamente modificata per sottrazione o addizione del perimetro.

Pennelli di base

I **pennelli** sono forse uno degli strumenti più immediati in un software di disegno e fotoritocco. Di fronte all'interfaccia del programma, anche chi si avvicina per la prima volta a questo universo verrà irresistibilmente attratto dalla funzione, pronto a tracciare schizzi e linee casuali anche solo per vagliare la risposta del software. Come si comporta **GIMP** in questo frangente?

Rispetto ad altre proposte di tipo commerciale, quale **Adobe Photoshop**, le possibilità garantite da GIMP sono ben più limitate, tuttavia sufficienti. Per chi fosse abituato proprio a Photoshop, però, il primo impatto potrebbe essere abbastanza confuso: non vi sono gli stessi menu contestuali, la fluidità del tratto non è sempre precisa soprattutto utilizzando mouse e trackpad, le varietà dei tool ridotte. Di seguito, una veloce carrellata.

Strumento pennello

Accedere allo **strumento Pennello** è decisamente semplice: dalla finestra degli appositi tool, si sceglie l'icona relativa per essere immediatamente pronti al disegno. Le opzioni collegate al pennello sono mostrate a sinistra dello schermo, poco più sotto dell'icona. Qui si può trovare anche la palette in un menu contestuale, accessibile anche nella finestra di destra tramite l'apposita linguetta.

Il primo passo che normalmente si compie è quello di scegliere il tipo di **punta** che si andrà a utilizzare. GIMP, nella sua impostazione di default, contiene una palette pennelli non troppo nutrita, comunque sufficiente per il disegno più basico. Non mancano tuttavia dei pennelli artistici, con disposizione a stella oppure da ritaglio di oggetti fotografici. Online si trovano comunque moltissime risorse da scaricare gratuitamente, per l'aggiunta bisogna però fare riferimento alla documentazione del proprio sistema operativo: i file scaricati, infatti, andranno copiati nella cartella "brushes" del programma.

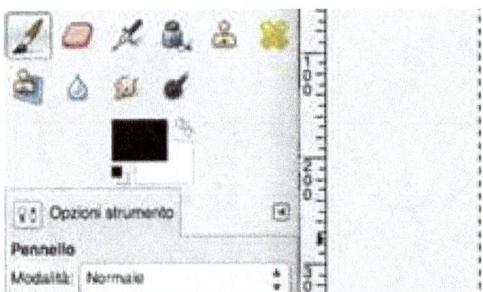 

Dalla finestra delle opzioni, si possono impostare diversi settings per migliorare o modificare del tutto il tratto. Dall'apposito menu a tendina, ad esempio, si potrà scegliere la **Modalità**: normale, a dissolvenza, brucia e molto altro ancora. La scelta non dipende solo dal pannello, ma anche dal colore e dal tipo di sfondo. Una modalità di schiarimento su fondo bianco, giusto per citare un caso tipico, non porterà a nessun risultato visibile. Allo stesso modo si potrà regolare l'**Opacità**, ovvero il grado di semitrasparenza del tratto stesso.

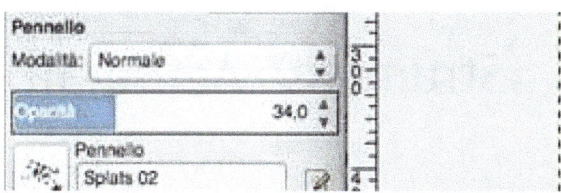

Fondamentali per un buon lavoro sono la definizione della dimensioni e dell'inclinazione del pennello. Sempre dalle opzioni del tratto, si potrà definire la **Dimensione**, il **Rapporto Dimensioni** e anche l'**Angolo**. Nellla figura sotto un test con un medesimo pennello dai setting fra loro differenti. Chi proviene da Photoshop avrà di certo notato come queste impostazioni non siano presenti nel menu contestuale del pennello stesso, ovvero sfruttando il tasto destro.

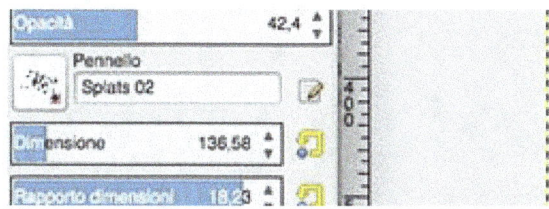

Ovviamente, per gli utenti più esigenti esistono delle **opzioni avanzate** per gestire al meglio il proprio pennello o, in alternativa, per modificarne uno già esistente o crearne un esemplare ex novo. Fra le tante possibilità, la definizione delle dinamiche di tratto, l'eventuale effetto sfumato o a gradiente, la sfocatura, il tremolio, la grandezza a incremento e molto altro ancora.

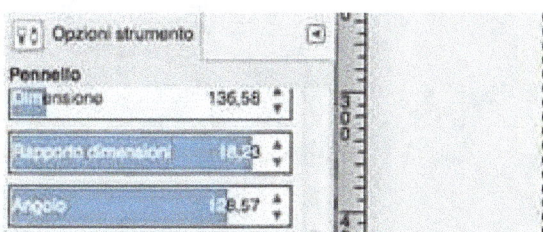
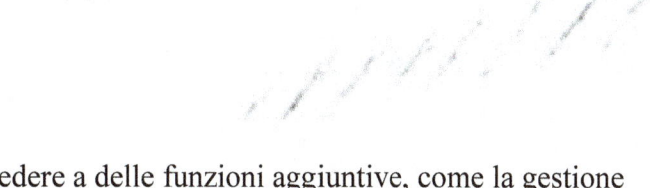

Anche dalla palette di punte e forme si può accedere a delle funzioni aggiuntive, come la gestione dei pennelli installati. Si ricorda, in questo frangente, come altrettanto utile sia la finestra gemella visualizzata in basso a destra.

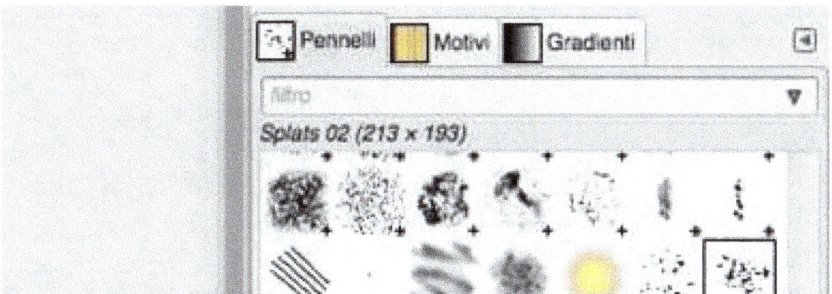

Altri strumenti a mano libera

Oltre ai classici pennelli, anche GIMP propone un set di altri strumenti dedicati al **disegno a mano libera**, molto simili ai pennelli stessi in via di concetto. Purtroppo non si tratta di una scelta numerosa come nel caso dei software commerciali, né di tool particolarmente efficienti.

In molti si chiederanno dove si trovino le **forme**, una delle feature di punta dei rivali come Photoshop. Fatta eccezione per l'installazione di speciali plugin oppure di versioni modificate del software, GIMP non offre questa funzionalità: le forme, dal classico rettangolo a stelle e frecce, dovranno essere ricreate con i tracciati.

Livelli, canali e maschere

Tra le funzioni più utilizzate di un software di fotoritocco, la gestione di livelli, canali e maschere rimane uno strumento imprescindibile. Anche **GIMP**, ovviamente, si avvale di queste funzionalità: di seguito, tutte le informazioni di base.

Livelli

Il ricorso ai **livelli** è forse la pratica più frequente nell'elaborazione fotografica e nel disegno, poiché permette di separare e lavorare su oggetti o parti singole di un'immagine, senza modificarne completamente la composizione finale. Per aggiungere un livello in GIMP, sia esso sopra lo sfondo o a un compagno già esistente, basta utilizzare l'apposito tasto nel pannello di destra, oppure optare per il comando **Nuovo Livello** dall'omonimo menu **Livello**. Questo comprende anche una lunga serie di altre funzioni dedicate, tra cui Nuovo dal Visibile, Nuovo Gruppo Livelli, Duplica e molto altro ancora.

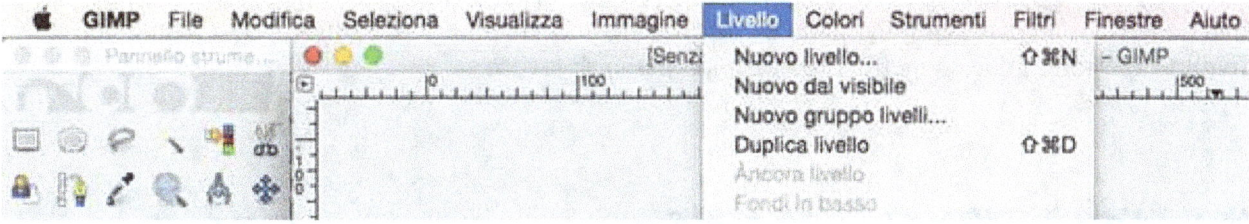

Contestualmente alla creazione, nel pannello di destra si accederà alla disposizione dei livelli, quindi alle funzioni aggiuntive. In questo caso il **layer** è trasparente, come si evince dall'icona a scacchiera, poiché non comprende ancora alcun elemento.

Colorando il livello in questione, ad esempio con un rosso intenso, anche l'icona verrà modificata. Diminuendone l'opacità, naturalmente, il precedente sfondo emergerà gradualmente nella composizione.

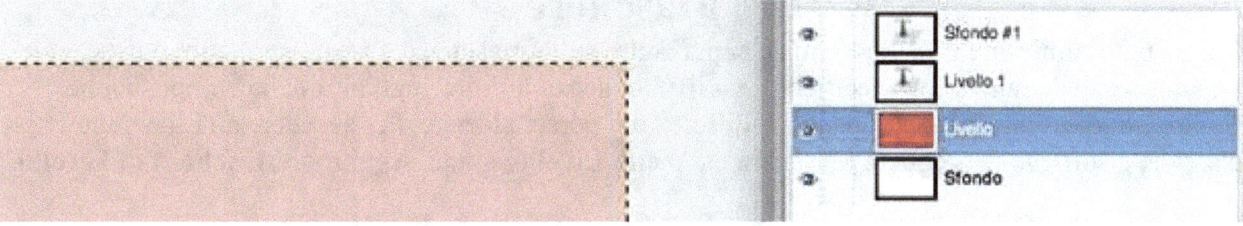

Posizionandosi sopra il livello e cliccando con il tasto destro, apparirà una lunga serie di **menu contestuali**, similmente a quanto avviene nei software commerciali come **Photoshop**. Le opzioni offerte sono abbastanza canoniche, dalla duplicazione del livello alla creazione di gruppi, passando per margini e scala. Chi provenisse proprio dall'universo di Photoshop, noterà come la comodissima funzione Unisci Livelli non sia riportata in elenco. In realtà, proprietà simili sono assicurate dal comando **Fondi in Basso** o **Fondi Livelli Visibili**, anche se dovrà essere rispettato il criterio di contiguità.

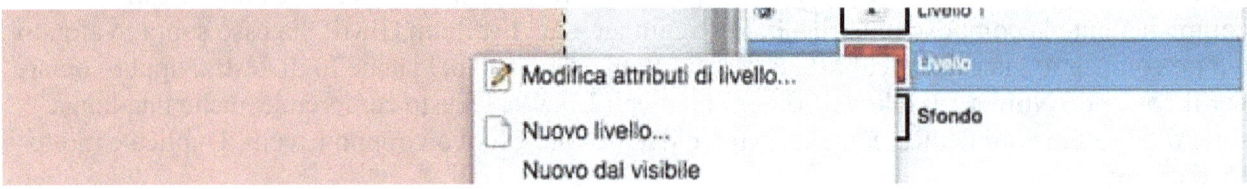

Per comprendere appieno il funzionamento dei livelli, si propongono due fotografie sovrapposte, una dedicata a un paesaggio montano e l'altra a un panorama marino. Riducendo l'opacità del livello superiore, i due soggetti si fondono sul piano di lavoro.

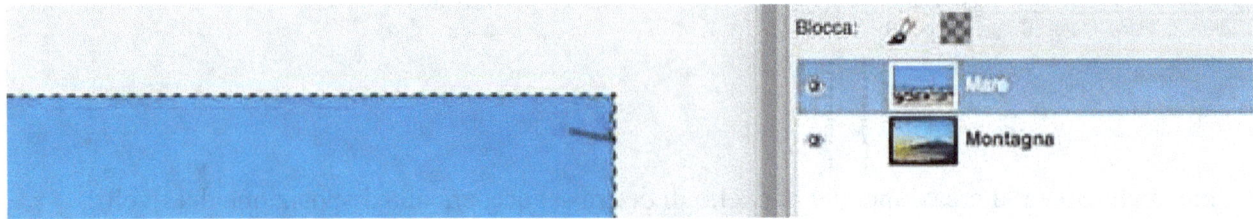

Canali

Anche l'amministrazione dei **canali** è fondamentale per un software grafico, in particolare quando si ha a che fare con fotografie. Con questa funzionalità, infatti, si possono regolare i valori delle distribuzioni di tinte rosse, verdi e blu: si tratta nient'altro dei tre colori primari. Per farlo, ci si posiziona sulla finestra di destra e si sceglie l'omonimo pannello, quindi si eseguono le operazioni desiderate in modo del tutto simile ai livelli. Ad esempio, come in figura, si possono spegnere uno o più canali. In alternativa, si può lavorare sull'alfa, per la definizione delle trasparenze.

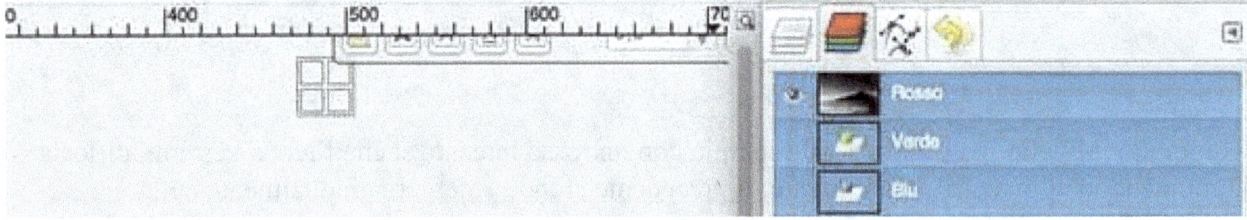

Maschere

Infine, per ottimizzare il risultato finale si può agire sulle **maschere**. Queste permettono di aggiungere delle modifiche specifiche a un livello, senza influire sugli altri della composizione. Inoltre, sono essenziali per la creazione di selezioni personalizzate. Per accedere alla funzione classica, è sufficiente scegliere Maschera dal menu **Livello**, quindi **Aggiungi Maschera di Livello**.

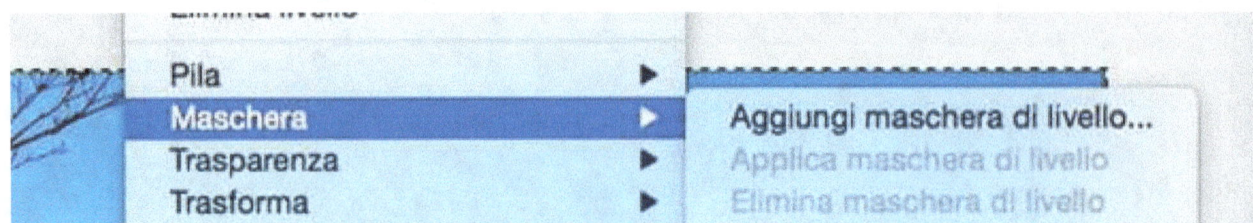

A questo punto, una finestra di dialogo chiederà che tipo di maschera si vuole realizzare, tra un nugolo di proposte predefinite come bianco, nero, alfa e molto altro ancora.

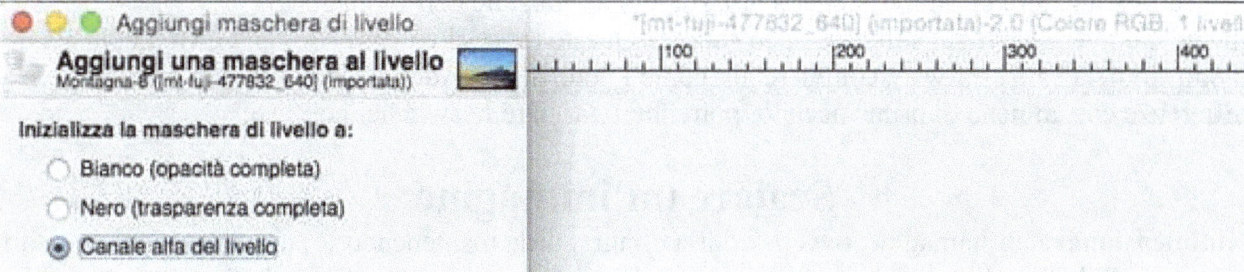

Selezionando **alfa**, ad esempio, si otterrà una maschera trasparente. Nella figura sotto, l'effetto che si ottiene agendo con la gomma sulla maschera stessa.

GIMP prevede anche una comoda modalità di **Maschera Veloce**, per creare una maschera a partire da una selezione o un altro strumento precedente, come la bacchetta magica. Per accedervi, basta cliccare sull'icona posta in basso a sinistra, praticamente all'incrocio dei righelli. La fotografia o l'area selezionata si trasformerà automaticamente.

Quando il lavoro di modifica è terminato, basta cliccare nuovamente sull'icona Maschera Veloce per tornare alla modalità di visualizzazione normale.

Scalare, ritagliare e ruotare un'immaggine

Tra le operazioni principali di un software di editing fotografico, quale appunto **GIMP**, non possono mancare le funzioni di ridimensionamento, ritaglio e rotazione dell'immagine.
In che modo eseguirle sul software open source? Queste tre opzioni base sono in GIMP declinate in modo simile ad altri software commerciali, come Photoshop di Adobe. Non mancano però le differenze che, almeno di primo acchito, potrebbero lasciare lo switcher confuso.

Scalare un'immagine

Ridimensionare un'immagine, ovvero ridurla o ingrandirla mantenendo le sue proporzioni, è molto semplice. Dal menu Immagine, infatti, basta selezionare il corrispettivo **Scala Immagine**.

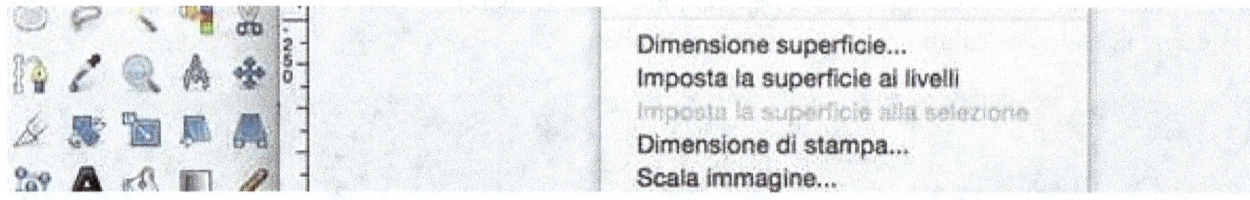

Scelta la funzione, si aprirà una finestra con le opzioni principali. Come nei classici software, si possono scegliere le dimensioni di altezza e larghezza, sia in pixel che in centimetri, anche in modalità incatenata con l'apposita icona. Quindi si potrà selezionare la risoluzione di DPI e, non ultimo, la qualità dell'interpolazione.

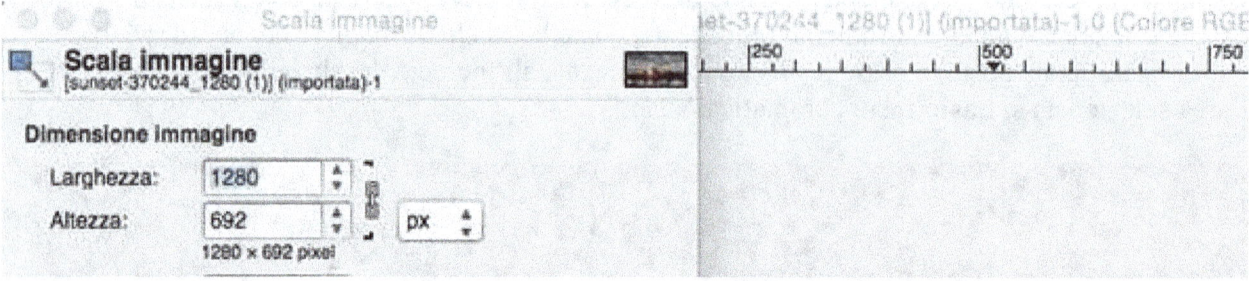

In alternativa, possono essere regolate le dimensioni del layout, quindi del quadro oltre l'immagine. Per farlo, si sceglie l'omonimo menu **Dimensioni Superficie**.

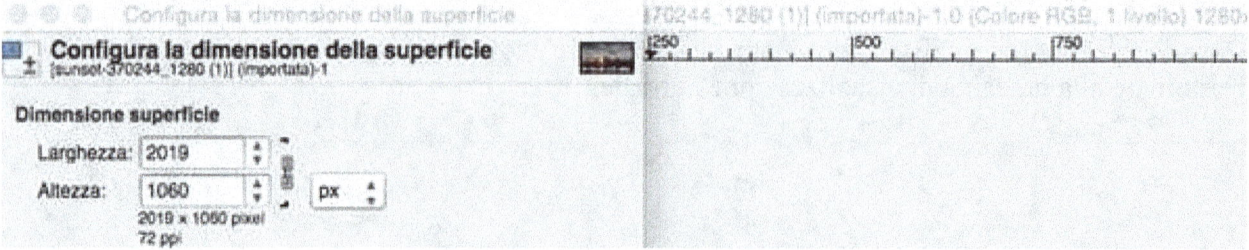

Ritagliare un'immagine

Non sempre il ridimensionamento è sufficiente per regolare uno scatto. A volte serve **ritagliare** una porzione dello scatto, sia per mettere in evidenza un elemento o eliminarne di superflui. GIMP propone questa funzione con un apposito strumento, simile alla classica taglierina: lo **Strumento Ritaglia**. Dopo averlo selezionato, basta disegnare il rettangolo desiderato sull'immagine, regolandone le dimensioni con gli appositi angoli di trascinamento.

Qualora si volessero effettuare dei tagli con un **vincolo di proporzione**, oppure con altre funzionalità, bisogna regolare le relative opzioni dal Pannello Strumenti, sulla sinistra del layout. Ad esempio, bloccando il **Rapporto Dimensioni**, si può specificare un vincolo di altezza e larghezza in pixel: il rettangolo che si andrà a disegnare sarà sempre un multiplo o un sottomultiplo di quanto impostato.

Non solo vincoli di proporzione: lo stesso pannello offre altre funzioni aggiuntive. Tra le tante, il blocco di larghezza, altezza e dimensione. Molto utile, oltre all'evidenziazione dell'area da tagliare, anche la possibilità di agire su un solo livello anziché sull'intero layout.

Ruotare un'immagine

La funzione di **rotazione** è forse quella che si discosta più dai più tradizionali dei software commerciali. Mentre Adobe ha puntato molto su questa funzione, introducendo in Photoshop CS6 e CC la possibilità di ruotare fotografie semplicemente con gesture sul trackpad o direttamente nello strumento taglierina, GIMP richiede qualche passaggio in più.Innanzitutto, si deve selezionare lo strumento di rotazione dall'apposita icona. Quindi, anziché trascinare gli angoli della fotografia nella direzione desiderata, appare a schermo una finestra con appositi controlli. Spostando la levetta da sinistra a destra, l'immagine ruoterà in senso orario oppure in quello antiorario. Particolarmente interessante è la possibilità di definire un centro diverso da quello mediano dell'immagine, per una maggiore capacità d'azione e creatività del processo.

Altrettanto utile è la funzione di rotazione con ritaglio, che permette di ottenere un crop perfetto dell'immagine immediatamente dopo la procedura, senza ricorrere nuovamente a selezioni e taglierina.

Distorsione immagine

Tra le funzioni comuni di qualsiasi editor fotografico, la possibilità di trasformare e distorcere le immagini, porzioni delle stesse oppure altri oggetti come disegni geometrici e testo. **GIMP** non fa assolutamente eccezione nel nugolo delle altre alternative disponibili sul mercato, anche se il gruppo di strumenti disponibili appare limitato rispetto alle proposte commerciali. Di seguito, una carrellata sulle principali funzioni di **trasformazione** e **distorsione**, oltre agli strumenti basici di scala e ridimensionamento.

Strumento inclina

Lo strumento **Inclina**, così come suggerisce il nome, permette di inclinare un'immagine sul suo asse orizzontale o verticale, con baricentro al centro. Dopo aver selezionato l'apposita icona dal Pannello degli Strumenti, sarà sufficiente immettere i valori desiderati di X e Y nella finestra che comparirà a schermo. In alternativa, si possono utilizzare i tasti freccia incrementali riportate a fianco dei campi.

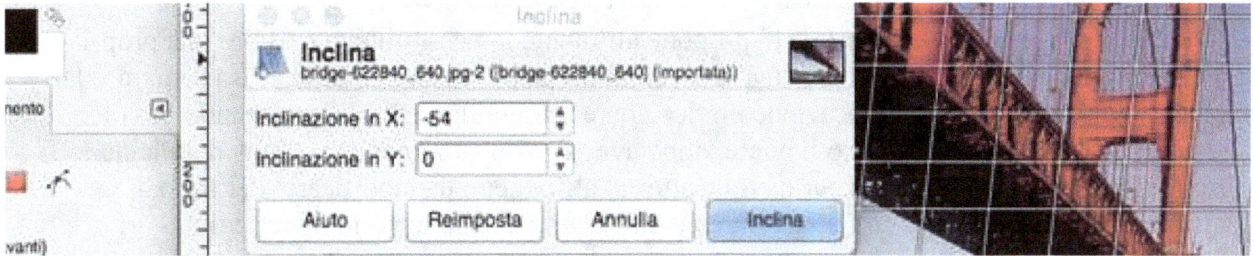

Naturalmente, agendo su un'unica immagine di sfondo il risultato produrrà delle aree trasparenti. Servirà quindi un ulteriore ritaglio, a meno che la trasformazione non avvenga su un secondo livello successivo.

Strumento prospettiva

Lo strumento **Prospettiva** è forse il tool di maggiore potenza presente in GIMP, ovviamente in riferimento alle sole funzioni per la distorsione. Come facile intuire, lo scopo è quello di modificare delle immagini, o delle parti di esse, relativamente al **punto di fuga** dell'orizzonte. Selezionando l'apposita icona nel Pannello Strumenti, apparirà sull'immagine o sull'oggetto selezionato una comoda **griglia**. Semplicemente agendo sugli angoli della stessa, trascinandoli a piacere, si otterrà la prospettiva desiderata.

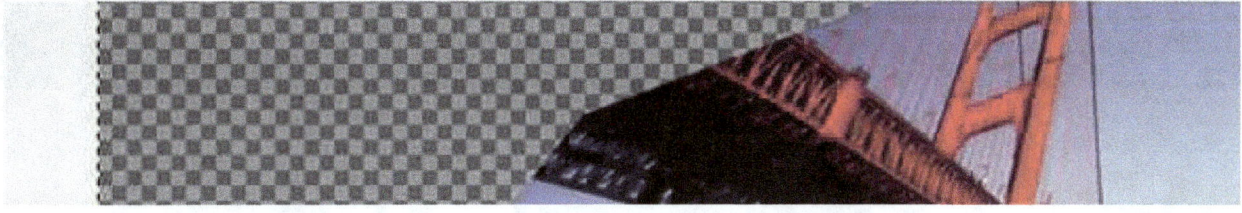

Strumenti rifletti

Tra i più basici dei tool di trasformazione disponibili, lo strumento **Rifletti** non fa altro che ribaltare l'immagine o l'oggetto desiderato sul piano verticale oppure orizzontale dell'immagine. Per utilizzarlo, basta selezionare l'icona relativa nel pannello Strumenti, quindi cliccare sull'immagine nella direzione desiderata. All'utente non sono garantiti controlli aggiuntivi, come avviene invece in **Photoshop** per le funzioni Rifletti Quadro Orizzontale e Rifletti Quadro Verticale, bensì solo il ribaltamento del livello selezionato in direzione opposta a quella mostrata.

Trasformazione gabbia

Con la **Trasformazione Gabbia**, GIMP propone all'utente la possibilità di definire una propria area di distorsione, da gestire in modo analogo a un comodo **lazo**. Per quanto utile possa sembrare la funzione a livello teorico, l'applicazione pratica non è sempre immediata. Ipotizzando di voler alterare la barca di passaggio sotto il ponte, dopo aver selezionato l'apposita icona nel Pannello Strumenti, si disegna una gabbia perimetrale attorno all'oggetto da modificare. Per farlo, esattamente come si farebbe con il lazo, si crea un circuito chiuso di punti intermedi.

Chiuso il perimetro, non si fa altro che spostare ogni singolo punto fino a raggiungere la distorsione desiderata. Sarà però necessario armarsi di una certa pazienza, poiché lo strumento non appare incredibilmente veloce nella sua esecuzione, anche se la performance può variare di certo in relazione al sistema operativo utilizzato e al computer in possesso. Inoltre, bisogna tenere a mente come questo tipo di trasformazione tenda a non essere armonica nelle sue parti, quindi raggiungere buone proporzioni in gabbie complesse potrebbe richiedere un discreto impegno. Non ultimo, si ricorda come l'operazione non presenti effetti automatici di **b lending** con il resto dello sfondo, quindi potrebbe rendersi necessaria una rifinitura con gomma e timbro clone.

Testo o logotipi

Come qualsiasi editor grafico o fotografico, anche **GIMP** include dei rapidi strumenti per il **testo**. Sebbene il set di opzioni a propria disposizione non sia immenso, il software opensource fornisce anche una nutrita gallery di logotipi, per sbizzarrirsi con effetti già impostati e alcuni anche di sufficiente impatto.

Testo: strumenti classici

L'inserimento di un testo su un layout è operazione molto semplice e ricorda da vicino qualsiasi altro editor fotografico, anche di natura commerciale. Scelto lo sfondo, oppure il livello e lo scatto da modificare, è sufficiente selezionare l'omonimo strumento e inserire le scritte a piacere. Naturalmente, potrà essere definito il **font**, la dimensione, gli eventuali attributi come corsivo, grassetto e altro ancora.

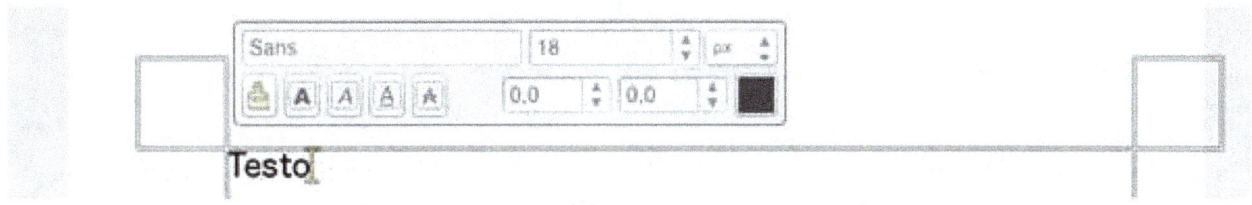

Qualora risultasse più comodo, GIMP prevede anche un **editor di testo** standalone, ovvero indipendente dal layout. Dopo aver selezionato lo strumento, dall'omonimo pannello si spunta l'opzione **Usa l'Editor**: apparirà un popup con, sostanzialmente, le stesse funzioni già disponibili in modalità classica.

Come facile intuire, anche GIMP permette di inserire **testi su tracciato**. Questa funzione è molto utile quando si vogliono creare delle scritte artistiche, disposte attorno a forme geometriche, con andamento ondulato e qualsiasi altra idea suggerisca la fantasia. Il primo passaggio è quello di costruire il proprio tracciato. L'argomento sarà trattato a fondo in una prossima lezione, in questo frangente sarà sufficiente selezionare lo strumento e, di conseguenza, disegnare sul layout il percorso che la scritta dovrà seguire. Cliccando sul foglio verranno definiti i punti del tracciato, composto da più linee rette. Tornando su ogni punto e tenendo premuto il tasto CTRL/CMD, si potrà controllarne la curva.

Definito il tracciato, si seleziona lo Strumento Testo. Il percorso tratteggiato scomparirà momentaneamente dal layout: non vi è motivo di preoccuparsi, nei prossimi passi si vedrà come recuperare quanto di creato. Si compone quindi la propria scritta e, con il tasto destro sul livello corrispondente nel pannello dei livelli, si sceglie l'opzione **Testo su Tracciato**.

 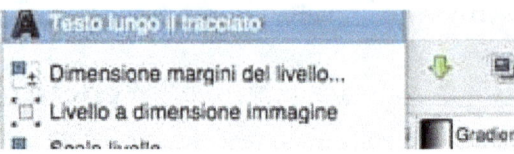

Confermata la funzione, la scritta sul tracciato apparirà sul layout.

Per spostare il testo, oppure modificarne la grandezza e addirittura le singole lettere, si torna sulle opzioni dell'omonimo tool nel pannello degli strumenti. Quindi si sceglie l'opzione più consona alle proprie esigenze, in questo caso la funzione **Sposta**.

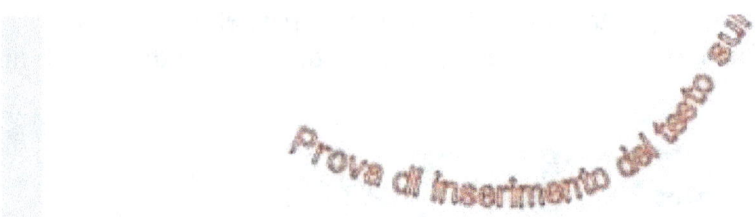

Logotipi

Inserito il proprio testo di base, si possono aggiungere dei semplici effetti grafici, come una blanda ombreggiatura o un rilievo. La gran parte delle possibilità si trova nel menu Filtri, mentre manca un raccoglitore dedicato come potrebbero le Opzioni di Fusione tipiche di Photoshop. Fortunatamente, però, per rispondere alla voglia di creatività dell'utente GIMP ha pensato a una sezione dedicata ai logotipi. Si tratta di una discreta disponibilità di effetti grafici preimpostati, alcuni relativi solo al testo, altri anche allo sfondo con pattern e ombreggiature speciali. Per accedervi, dal menu File si sceglie Crea, quindi l'opzione Logotipi.

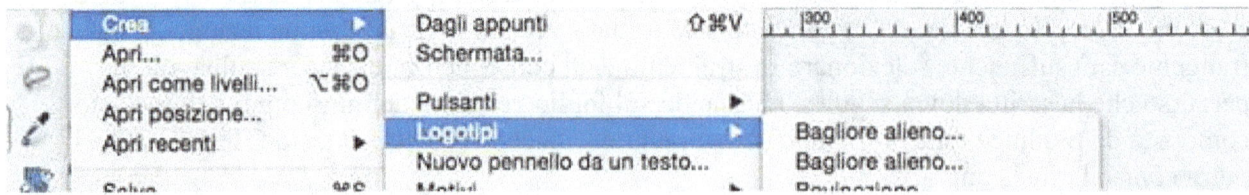

Scelto il logotipo preferito, a schermo apparirà una finestra di comunicazione. In questa popup si potrà gestire non solo il testo da inserire, ma anche alcune delle peculiarità dell'effetto selezionato. Per il logotipo **Cristallo**, ad esempio, è possibile scegliere carattere, immagine di sfondo, mappa e molto altro ancora.

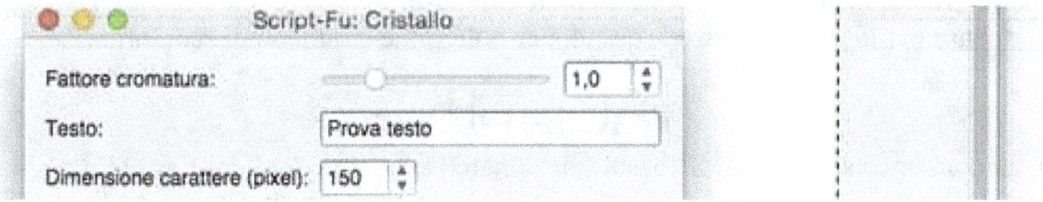

Definite le opzioni, basterà avviare la creazione: dopo qualche secondo l'elaborazione a schermo apparirà in un nuovo layout. Si consiglia comunque pazienza e una buona sperimentazione, per trovare il giusto peso tra effetto preimpostato e opzioni modificabili dall'utente.

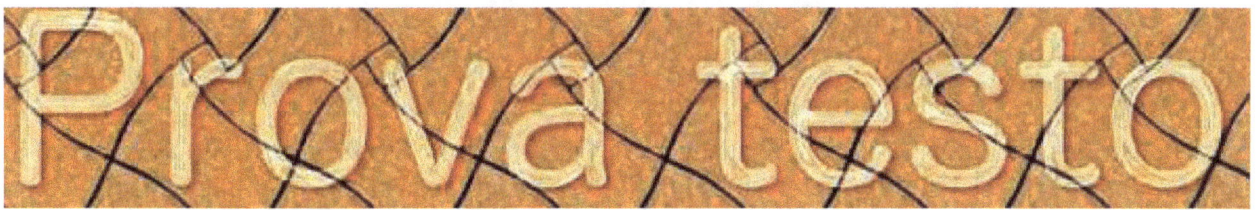

Tracciati o scontorno

Come la gran parte dei software per l'editing grafico e fotografico, anche **GIMP** garantisce la possibilità di agire sui **tracciati**. Un'opzione fondamentale, in questo caso, considerato come il software non preveda un set di forme predefinito, come avviene invece in **Adobe Photoshop**. Per questo motivo, l'utente si troverà di frequente a costruire poligoni lato per lato. Di seguito, l'utilizzo di base per linee rette e curve, quindi per poligoni e strumenti di scontorno.

Tracciati di base

Per realizzare un tracciato con GIMP, basta selezionare l'omonimo tool dal **Pannello degli Strumenti**. L'interfaccia è davvero molto lineare e, similmente alle altre proposte disponibili gratuitamente o commerciali, il funzionamento è a punti: si tracceranno sullo schermo tanti punti limitrofi quanti quelli necessari per realizzare una linea o una forma.

Sempre dal Pannello degli Strumenti, si hanno a disposizione diverse opzioni:**Progetta**, **Modifica** e **Sposta**. La prima modalità serve per costruire la forma desiderata, la seconda abilita le maniglie per le eventuali curve di Bézier, l'ultima aiuta nello spostare la figura sul layout. Spuntando l'opzione **Poligonale**, si agirà sempre tramite rette, quindi senza il disturbo delle maniglie. Per chiudere il tracciato, invece, va mantenuto premuto il tasto CTRL/CMD prima di cliccare sul punto iniziale.

Naturalmente, i punti del poligono possono essere modificati o spostati con gli appositi comandi anche dopo la chiusura dello stesso.

Per creare una **linea curva**, si selezioni la modalità Modifica. Sui punti cliccati appariranno delle maniglie, tirandole e orientandole potrà essere regolata la rotondità del tracciato. L'operazione non è sempre facilissima e, per ottenere la corretta curvatura, serve intervenire su più punti alla volta.

Selezione e marcatura del traccio

Come facile intuire, un tracciato può essere facilmente trasformato in una selezione o, in alternativa, se ne possono marcare i contorni con un riempimento. Sempre dal Pannello degli Strumenti, si trovano due pulsanti: **Selezione Tracciato** e **Delinea Tracciato**. Cliccando sul primo, come in Figura 5, si otterrà una selezione pari alla propria figura. Questa potrà poi essere modificata, ad esempio con un'inversione, con le canoniche opzioni del menu Selezione.

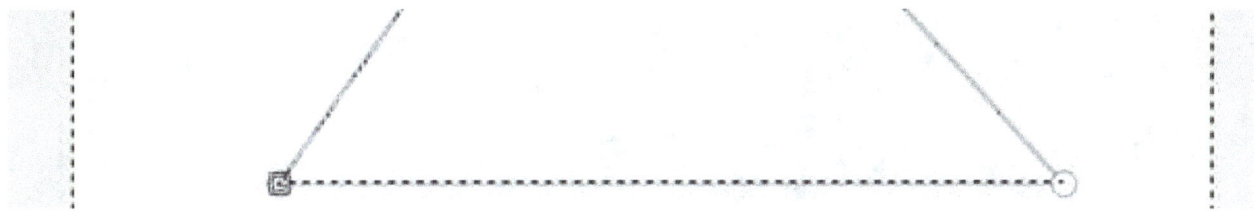

Volendo invece marcare il tracciato, trasformandolo così in una forma vera e propria sul layout, si sceglie il comando delinea. si aprirà un'apposita finestra con tutte le opzioni disponibili, che permetteranno di regolare la tipologia del tratto, il motivo, il colore, la sfumatura e altro ancora.

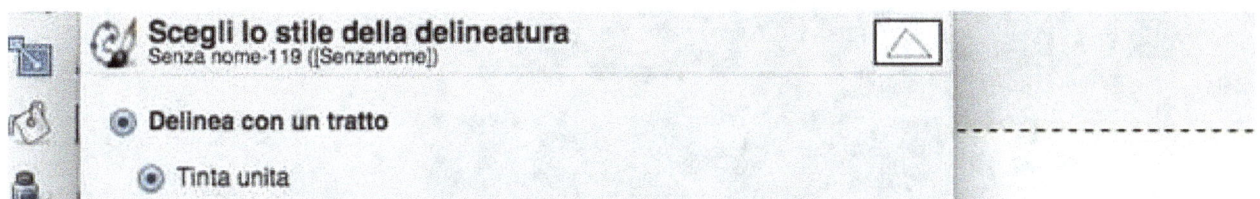

Il risultato di base sarà il seguente

In alternativa al classico tratto, si può impostare l'utilizzo di uno strumento di GIMP per la marcatura della figura. Sempre dalla finestra delle opzioni, tramite un comodo menu a tendina si potrà scegliere il tool preferito.

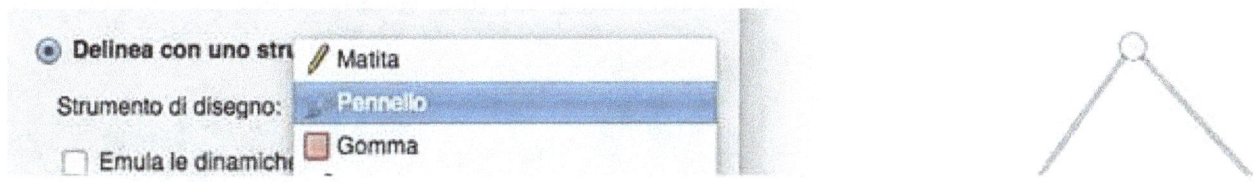

Utilizzando il **Pennello** con impostazioni di base, il risultato sarà il seguente

Scontorno

I tracciati possono essere sfruttati non solo nella definizione di linee, forme e poligoni, ma anche come strumenti a tutti gli effetti per l'editing fotografico. La modalità a cui si ricorre più frequentemente è lo **scontorno** di elementi singoli su uno scatto, sia per creare delle maschere che per isolarli dallo sfondo. Il primo passo è, come facile intuire, quello di ricalcare tutto il perimetro dell'oggetto, sia avvalendosi di linee rette che di curvi.

A questo punto, non resta che premere il pulsante di selezione per vedere il proprio oggetto selezionato secondo il tracciato creato. Volendolo isolare dallo sfondo, a scopo esemplificativo, basterà invertire la selezione e tagliare il contenuto in eccesso.

I tracciati, così come pare ovvio, possono essere applicati a una miriade di contesti e diversi, sia per semplificare le operazioni più comuni che per sperimentare con la fantasia.

Strumenti e manipolazione del colore

Come tutti i software per l'editing grafico, anche **GIMP** offre degli strumenti per la scelta, la gestione e la manipolazione del **colore**. Le tinte possono essere applicate a sfondi oppure a oggetti di base, ma si può anche agire direttamente sulle immagini. Di seguito, una carrellata sulle funzioni di base e su quei tool dedicati, invece, alla modifica degli scatti.

Strumenti di base

Similmente alle proposte commerciali, il primo passo per regolare il colore in GIMP è quello di scegliere la **tonalità di sfondo** e quella di superficie del layout. Tale operazione è possibile dall'apposita icona disponibile nel **Pannello degli Strumenti**, dove trova dimora anche il secondo tool fra i più comuni, ovvero lo strumento Secchiello. Si ipotizzi di aver realizzato un tracciato, così come spiegato in precedenza, e di volerlo completare con un colore di riempimento. Tramite lo strumento **Secchiello**, si può innanzitutto scegliere la tinta. Questa dipenderà dal colore di superficie preimpostato: basterà cliccarvi sopra per accedere all'apposita finestra di selezione, compatibile anche con i codici esadecimali.

Dalle opzioni dello strumento, sempre in basso a sinistra nel pannello, si possono quindi regolare altri valori. Ad esempio, si può impostare l'opacità della tinta, ma anche la modalità di sovrapposizione. In alternativa, si può optare per una trama con cui riempire il tracciato.

Naturalmente, queste possibilità sono qui mostrate a scopo esemplificativo, date le loro applicazioni basilari. Va da sé, di conseguenza, come questi strumenti possano essere utilizzati per testi, livelli, aree selezionate di un'immagine e molto altro ancora.

Strumenti per le immagini

GIMP offre molteplici possibilità per agire direttamente sul **colore delle immagini**, sebbene i tool a disposizione possano apparire meno immediati rispetto ad altre proposte di mercato. La quasi totalità delle opzioni disponibili è compresa nella voce **Strumenti Colore** del menu Strumenti.

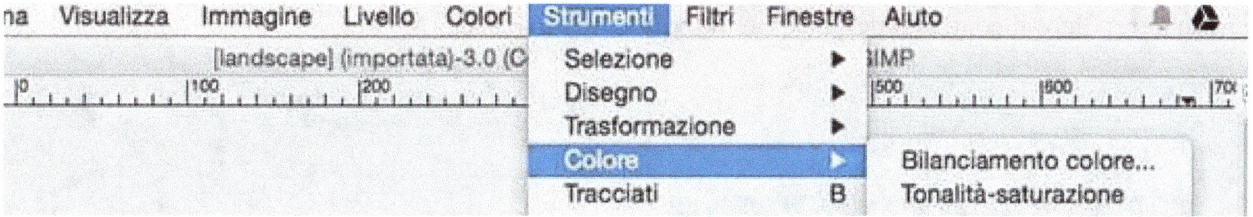

Il primo della lista è uno dei controlli anche più frequenti: quello del **Bilanciamento**. Dalla finestra che comparirà, si potranno modificare le regolazioni del colore secondo i singoli canali (ciano, magenta e giallo) agendo su ombre, mezzitoni e alteluci. In questo modo non solo si potrà ottimizzare la risposta del colore di uno scatto, ma anche lanciarsi nella creatività, ad esempio simulando un effetto lomo.

si prosegue con **tonalità**, **luminosità** e **saturazione**. lo strumento non ha bisogno di molte presentazioni, poiché è uno dei più utilizzati per modificare il colore delle fotografie, anche con risultati a volte surreali. in gimp, tuttavia, oltre a queste tre impostazioni tramite le relative levette, si può agire anche in relazione del singolo colore primario, anche oltre lo schema rgb.

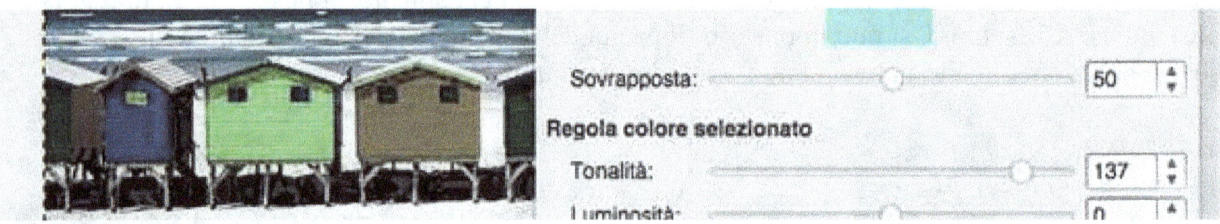

Lo strumento **Colora** permette di cambiare rapidamente la tonalità globale della fotografia, sempre secondo i canoni di tonalità, saturazione e luminosità. Il risultato è, in genere, sulle sfumature del monocromo.

La carrellata continua con **Luminosità-Contrasto**, un altro strumento che non necessita di troppe spiegazioni. Le due leve a disposizione permettono non solo di schiarire o scurire l'immagine, ma anche di regolare il contrasto degli elementi inquadrati sulla scena.

Nella disposizione prevista da GIMP, giunge ora il primo tool dedicato alle modifiche intermedie: lo strumento **Soglia**. Con questo strumento è possibile rendere visibili, o al contrario invisibili, i pixel di un'intera immagine o di una selezione attiva, a seconda dei valori di colore. In altre parole, l'immagine verrà trasformata in un bianco e nero altamente stilizzato, in una rappresentazione non dissimile dal lavoro sui singoli canali. Questo permette di migliorare la resa finale, ad esempio un bianco e nero, ma anche per agevolare un ritaglio, la creazione di una maschera e altro ancora. Non a caso, è spesso utilizzato per i livelli intermedi o duplicati anziché sull'immagine finale.

La funzione **Livelli** consente di regolare i livelli ingresso di colore per canale, in modo da saturare o desaturare una singola tonalità, anche tramite il comodo istogramma. Questa funzione è molto utile anche per eliminare aberrazioni cromatiche dovute a un'errata interpretazione del colore o, in alternativa, alle distorsioni di tonalità dovute dalle lenti.

Simile ai livelli in entrata, lo strumento delle **Curve** ricalca in modo abbastanza fedele gli analoghi dei software più noti o commerciali. La curva di diagramma può essere modificata aggiungendo uno o più stop sulla sua lunghezza, permettendo con la sua manipolazione di aumentare o diminuire la resa del colore, anche in relazione al canale.

La **Posterizzazione** è un processo ideato per ridurre il numero di colori di una fotografia, aumentandone il contrasto. L'utilità può derivare dalla necessità di ottenere delle immagini di dimensioni molto piccole, almeno a livello di peso, o dalla necessità di trasformare un soggetto reale con un risultato più fumettistico. GIMP garantisce un rapido accesso all'effetto, con una levetta immediata per i livelli di posterizzazione.

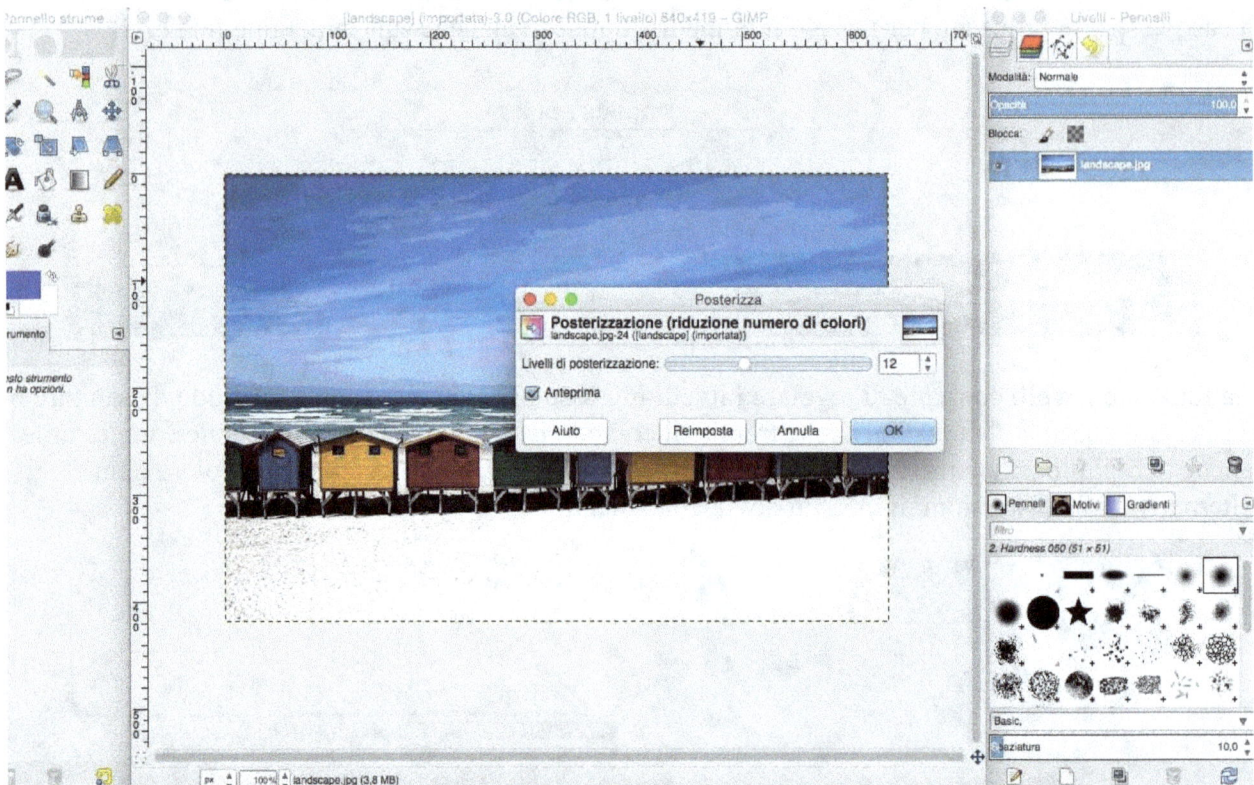

Con la Desaturazione, infine, si riduce normalmente il grado di colore fino a raggiungere il bianco e nero. In GIMP lo strumento passa direttamente alle scale di grigio, ottimizzate per lucentezza, luminosità e media. Qualora si desiderasse invece ridurre l'intensità dell'immagine, mantenendo un accenno di tonalità, si utilizzino i normali controlli di saturazione poc'anzi elencati.

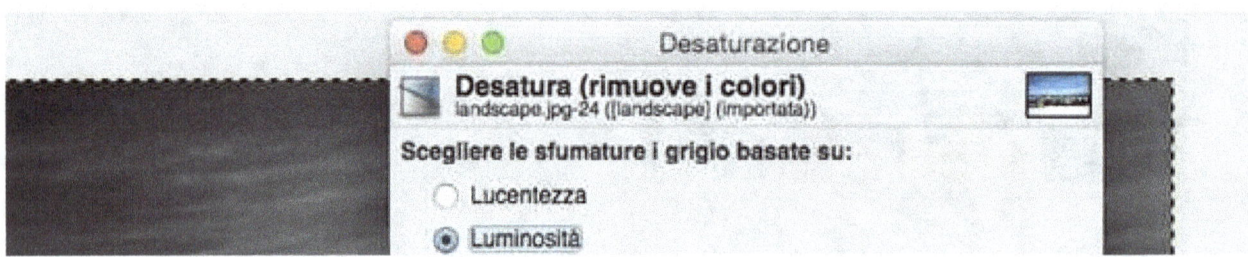

Altri strumenti

Prima di passare alle funzioni più avanzate di **GIMP**, come ad esempio l'utilizzo dei filtri, si dedica un'ultima carrellata sugli altri strumenti a disposizione. Sempre identificabili nell'omonimo pannello, questi tool permettono di eseguire correzioni veloci a fotografie e layout grafici, senza però aver bisogno di seguire complesse procedure. Come nel caso degli strumenti già visti, ogni opzione relativa può essere regolata nel **Pannello degli Strumenti**, nella metà inferiore della colonna. Esattamente come se si utilizzasse un pennello comune, di conseguenza, si potranno regolare valori come dimensione del tratto, opacità, frequenza e molto altro ancora. Gli esempi che verranno illustrati hanno un semplice scopo dimostrativo per svelare le caratteristiche del tool utilizzato, ma va da sé come per un editing fotografico vero e proprio debbano essere fra di loro combinati.

Strumenti di routine

Il primo strumento utile è certamente il **Cancellino**, conosciuto anche come Gomma nei software commerciali. Come suggerisce il nome, permette di eliminare una parte dello scatto o del layout sostituendola con il colore di sfondo, bianco o trasparente a seconda dei casi.
Può presentarsi con un tratto netto oppure sfumato, così come facile intuire dalla finestra delle sue opzioni.

Lo strumento **Aerografo**, invece, permette invece di riprodurre un tratto che ricorda lo spruzzo di una vernice. Anche in questo caso, il tratto stesso potrà essere definito o sfumato, semitrasparente, completamente opaco e molto altro ancora.

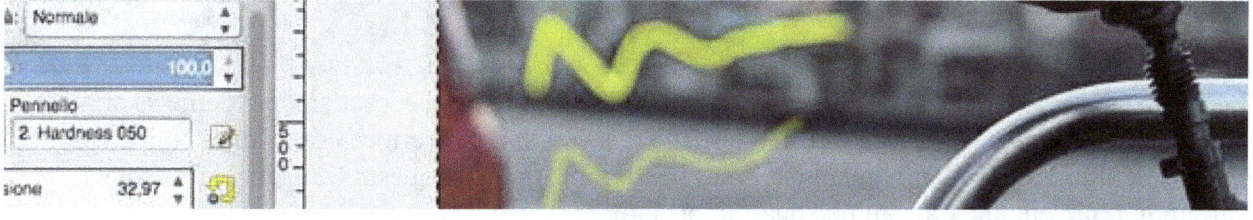

Simile all'aerografo, almeno nell'utilizzo e nella definizione delle opzioni del tratto, è la **Stilo**. Lo strumento vuole riprodurre la punta di una penna stilografica, che potrà essere tondeggiante, quadrata oppure più romboidale a seconda delle preferenze. Eseguendo tracciati ondulati, ad esempio con la scrittura a mano, la larghezza muterà quindi in relazione alle zone di contatto tale punta con il foglio virtuale.

Strumenti fotografici

Entrando più a fondo dell'editing fotografico, quindi lavorando su scatti, sempre dal Pannello degli Strumenti si trovano alcuni tool di base, pensati per modifiche al volo e per azioni sulle modeste dimensioni. La prima necessità usuale è quella di poter copiare una porzione dello scatto in una zona più o meno adiacente, così da coprire una parte di un soggetto non voluto, eliminare la rifrazione di una lente o qualsiasi altro difetto visivo. La più semplice coppia di strumenti è formata da **Clona** e dal **Cerotto**, il cui funzionamento è molto simile. Selezionato il tool e definite le dimensioni del tratto, il primo passo è quello di identificare la zona d'origine, ovvero il campione da cui gli strumenti attingeranno per la modifica. Per farlo, è sufficiente premere il tasto CMD/CTRL e cliccare sull'area di interesse. Fatto questo, non resta che dipingere sulla zona da modificare.

La differenza fra i due elementi è semplice da comprendere, ma non estremamente rilevante nell'applicazione pratica. Clona copia l'area d'origine in modo esatto, mentre il Cerotto riduce l'irregolarità dello scatto, con un **blending** più armonico con colori e sfondo già esistenti.

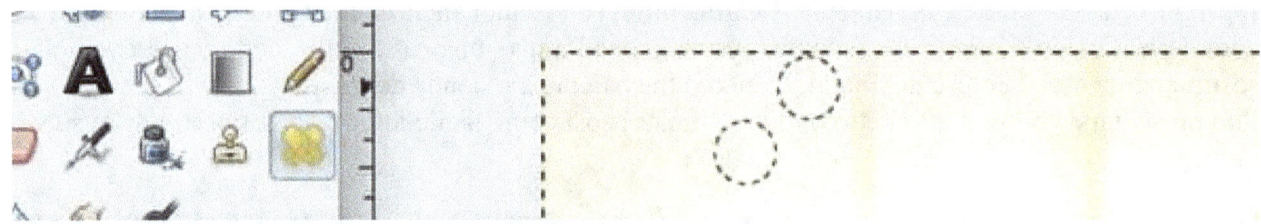

Qualora si volesse utilizzare un'origine inclinata rispetto allo scatto, basterà scegliere **Clona in Prospettiva** per definire un'area prospettica da seguire. **Sfoca**, così come suggerisce il nome, permette di sfocare una porzione dell'immagine, con intensità a seconda delle preferenze personali impostate. Mediamente utile per nascondere difetti o, in alternativa, per creare effetti *depth of field al volo*. Oltre che sulla sfumatura, si potrà agire anche per contrasto.

Lo **Sfumino** serve invece per estendere una porzione dell'immagine, esattamente come se si fosse passata una pennellata di diluente o, in alternativa, spostato della vernice con le dita. Non a caso l'icona ricorda proprio il movimento del dito sul foglio. Anche in questo frangenze, l'intensità varierà in relazioni alle opzioni personali impostate.

La funzione **Scherma/Brucia**, infine, è pensata per schiarire o scurire una parte della fotografia, così da mettere in evidenza certi elementi della scena e nasconderne degli altri. Funziona alla stregua di un comune pennello.

Panoramica filtri

Terminato il percorso sugli strumenti di base di **GIMP**, è giunto il momento di entrare nel vivo della manipolazione fotografica. A partire dai **filtri**, una nutrita selezione di opzioni avanzate per regolare, sia in modo chirurgico che in altri più creativi, l'aspetto dei propri scatti. Il software viene distribuito con una galleria decisamente nutrita di filtri che, fortunatamente, poco hanno da invidiare alle proposte commerciali. Non è però tutto: poiché in Rete si trovano migliaia di proposte realizzate dalla community, con plugin di facile installazione per espandere all'infinito i propri desideri di fotoritocco. In questo primo frangente, si proporrà una carrellata iniziale dei filtri a disposizione.

Panoramica

Dopo aver aperto in GIMP lo scatto da modificare, oppure dopo aver realizzato una composizione con tracciati e forme di propria preferenza, per accedere ai Filtri è sufficiente scegliere l'omonimo menu dalla barra principale del programma. Apparirà a schermo una lunga lista di possibilità disponibili, delle vere e proprie famiglie ognuna a sua volta suddivisa in tante singole funzione.

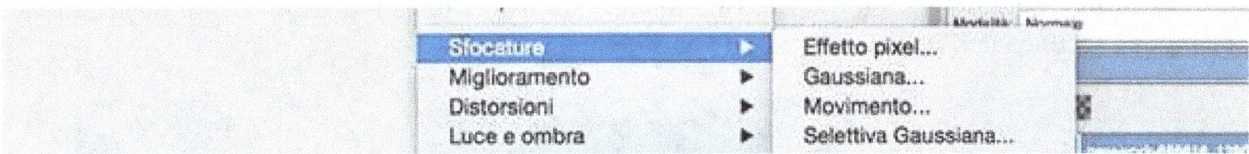

Come già accennato, le singole funzioni verranno spiegate in seguito. In linea riassuntiva, tuttavia, si può così definire ogni singola famiglia:

Sfocature: tutti gli strumenti per sfuocare l'immagine, sia tramite la comune sfocatura gaussiana che per un effetto di movimento, passando per molto altro ancora;

Miglioramento: i comodi tool per ridurre degli errori di scatto o aberrazioni visive, come gli occhi rossi, ma anche l'effetto antialiasing e molto altro;

Distorsioni: tutte le opzioni per distorcere l'immagine originale, ad esempio applicando un effetto lente, realizzare un mosaico oppure un'increspatura;

Luce e ombra: molteplici possibilità per gestire l'illuminazione dei propri scatti, sia essa l'aggiunta di un finto riflesso sulla lente che di stelle nel cielo notturno;

Disturbo: un comodo set di opzioni per gestire il rumore delle immagini, ad esempio aumentandone la granulosità oppure delle macchie mirate;

Rilevamento contorni: per isolare e gestire i perimetri dei soggetti dello scatto, anche con effetti artistici come il neon;

Generici: poche opzioni per le operazioni di base sulle fotografie, come la dilatazione;

Combinazione: effetti di combinazione e sovrimpressione sullo scatto, come quello a pellicola;

Artistici: molte possibilità per dar sfogo a fantasia e creatività, sia essa manifestata in una creazione cubista, in una pittura a olio e tanto altro ancora;

Decorativi: un set per ricreare effetti di decoro sulle immagini, come cornici, bordi frastagliati, aspetti vintage o con macchie di caffè;

Mappa: per effetti dal foglio di carta al piastrellato, passando per altri strumenti di suddivisione dell'immagine;

Render: per aggiungere nuvole, nebbia e altro ai propri scatti, sia panoramici che artistici;

Web: un nugolo di opzioni utile per preparare le fotografie alla condivisione sul Web, ad esempio con il ritaglio in porzioni per siti Internet;

Animazione: brevi animazioni di base per donar vita agli scatti, con anche comodi tool di esportazione, ad esempio nel formato GIF.

Esempi

Sebbene i singoli filtri saranno prossimamente analizzati, si è scelto di proporre alcuni esempi, relativi alle funzioni normalmente utilizzate con più frequenza. Questo breve excursus permette di analizzare l'**interfaccia** di GIMP, con la tipica comunicazione a pop-up e sovrimpressioni per gestire ogni aspetto della modifica desiderata. La prima è la **Sfocatura Gaussina**, comunissimo filtro di tutti i programmi di fotoritocco. Effettua una sfumatura della fotografia uniforme su tutte le sue parti, a seconda dell'intensità impostata dall'utente.

Con **Effetti di Luce**, del menu Luce e Ombra, si possono aggiungere digitalmente delle fonti luminose, come un raggio di sole che attraversa le nuvole. In questo caso, si è in pochi secondi aggiunti un alone da faro sulla cima di un grattacielo.

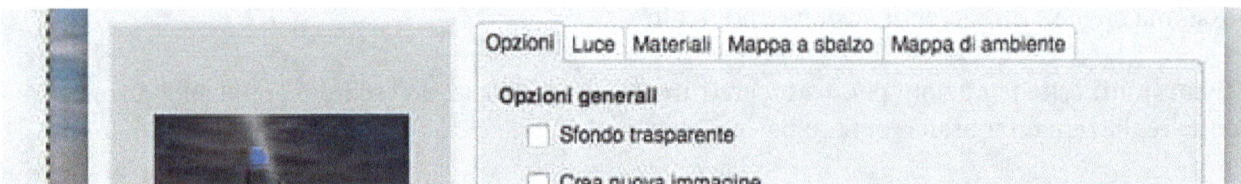

La **Pittura a Olio**, nella sezione Artistici, permette di trasformare colori e tratto dello scatto in vere e proprie pennellate, a seconda dell'intensità e della lunghezza voluta dall'utente.

Con **Fumetto**, sempre nella sezione artistica, si potranno ricreare delle sensazioni visive tipiche dell'universo comic, con blandi effetti di posterizzazione e una forte marcatura del nero.

Supernova, infine, garantisce la possibilità di aggiungere delle simulazioni di stella, elemento molto utile quando si vuole ravvivare un'immagine dal cielo smorto.

Sfocature

L'analisi dei filtri di default di **GIMP** non può che partire dalle **Sfocature**, gli strumenti probabilmente più utilizzati per l'editing fotografico e, in alcuni casi, anche per il disegno. Non a caso, il programma le presenta come prime opzioni dell'omonimo menu.

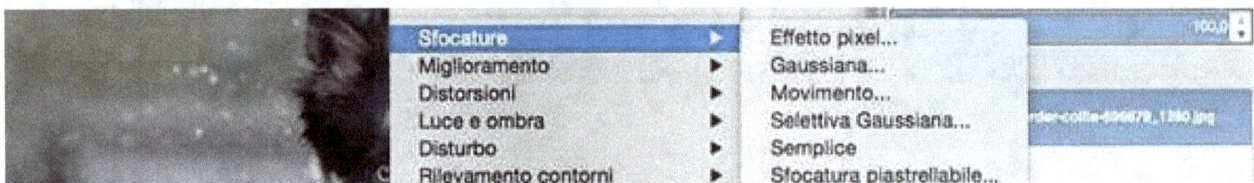

Il menu principale si divide in diverse sezioni autonome, ognuna delle quali risulta utile per effettuare sfocature e sfumature differenziate. Di seguito, un breve sguardo alle modalità principali e alla loro applicazione a livello fotografico.

Tipi di sfocatura

Sebbene non si trovi nella prima posizione del menu, la sfocatura più immediata da utilizzare è quella denominata **Semplice**. Senza richiedere alcun intervento all'utente, applica una lieve sfumatura a tutta l'immagine o, in alternativa, alla porzione precedentemente selezionata. Dato il risultato a volte davvero impercettibile, è utile ripetere il comando più volte o, meglio ancora, dedicarsi ad altre modalità dal maggiore controllo. In questo secondo gruppo concettuale, la prima tipologia disponibile in GIMP è il cosiddetto **Effetto Pixel**. Con questo filtro, sarà possibile pixellare l'immagine definendo l'altezza e la grandezza di ogni singolo punto, applicandolo poi sull'intero scatto o su una porzione selezionata dello stesso. La funzionalità può essere utile a scopi creativi, ad esempio per ricreare fotografie vintage ai tempi degli 8-bit, ma soprattutto per censurare o nascondere porzioni.

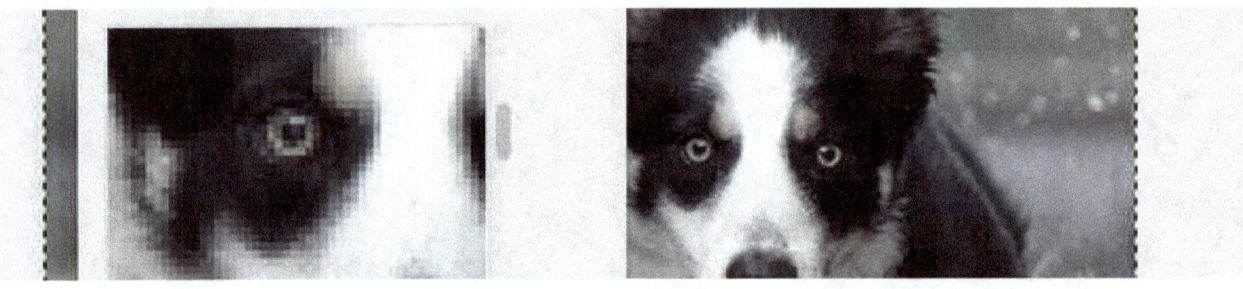

Si prosegue quindi con la **Sfocatura Gaussiana**, la più famosa e utilizzata in qualsiasi software di fotoritocco. Applica una sfocatura uniforme su tutti i pixel, donando quindi coerenza e omogeneità al risultato finale. Dalla finestra di dialogo si potrà quindi impostare il raggio, verticale e orizzontale, ma anche il metodo di sfocatura.

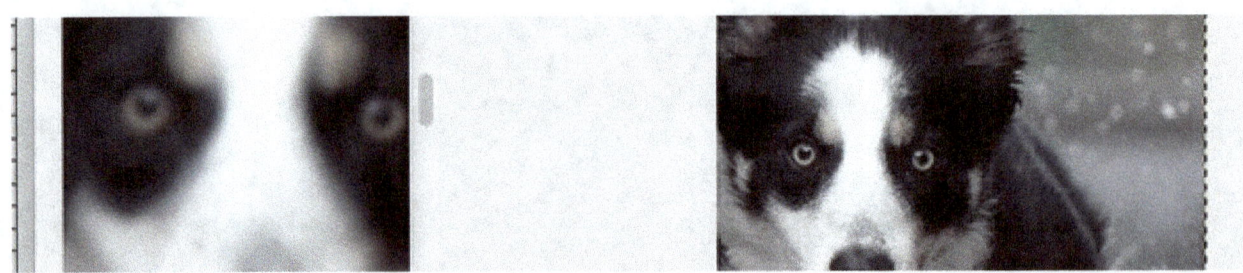

Altro evergreen dei software per l'editing fotografico è la sfocatura di **Movimento**. Questa tipologia permette di simulare lo spostamento dell'obiettivo rispetto al soggetto ripreso, sia in caso si volesse riprodurre un effetto mosso della macchina, che qualora sia la scena a muoversi. Diverse modalità disponibili: lineare per spostamenti nelle quattro direzioni, radiale per la rotazione e zoom, infine, per l'ingrandimento.

Simile alla precedente già elencata, la **Sfocatura Selettiva Gaussiana** non agisce su tutti i pixel dell'immagine, ma solo se la differenza tra i pixel continui è inferiore a un valore delta definito dall'utente, come sorta di spartiacque tra l'applicazione o meno del filtro. Il risultato è decisamente più omogeneo e, inoltre, può essere utile per facilitare la sfumatura solo di alcune aree dell'immagine o come base per effetti più complessi, come il bokeh.

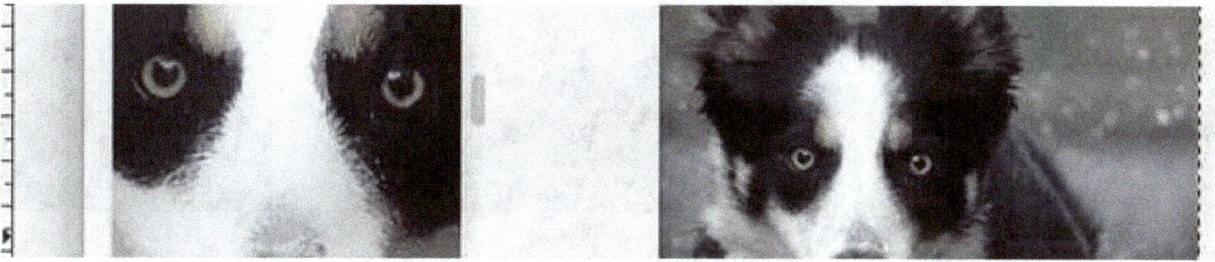

Infine, la **Sfocatura Piastrellabile** è una particolare opzione di GIMP, pensata per ammorbidire le giunture dei mosaici, rendendo più morbidi i contorni delle immagini contigue.

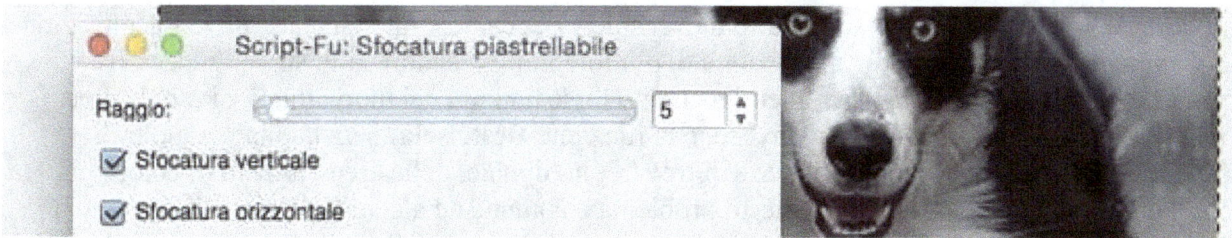

Definiti a piacere i valori, come quello del raggio verticale oppure orizzontale così come la modalità di sfocatura, basta confermare per avviare il processo. Dopo qualche istante, indicato dalla barra di progresso azzurra, l'elaborazione sarà terminata.

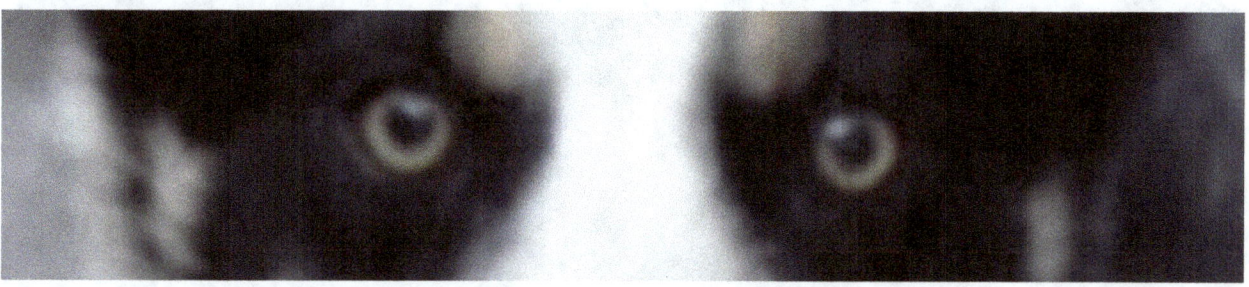

Miglioramento

La seconda famiglia di filtri disponibili in **GIMP**, dopo gli effetti di sfocatura visti nella precedente lezione, è relativa al **miglioramento delle fotografie**. In questo gruppo, si troveranno sia strumenti per i compiti più comuni, come la rimozione del noioso effetto occhi rossi, che strumenti più adatti a un'utenza professionale, quali in deinterlacciamento video. Tutti i filtri sono raccolti nell'omonima voce **Miglioramento**, all'interno del menu Filtri.

Tipoliogia di modifica degli scatti

La prima funzione disponibile è quella della cosiddetta **Affilatura**. Questo filtro accentua i bordi delle immagini, rendendoli più ricchi di contrasto ed evitando così l'effetto blending dei soggetti ripresi. Essendo uno strumento molto semplificato, però, può portare alla crescita del rumore già presente sull'immagine, quindi richiede una certa parsimonia nel suo utilizzo.

Proseguendo in ordine di apparizione nell'elenco, si incontrano i primi due tool destinati agli utenti avanzati, qui elencati solo a scopo informativo data anche la rarità del loro ricorso. Il primo è il filtro **Antialias**, che permette di risolvere le imperfezioni e le quadrettature dovute all'antialiasing, ovvero il rumore di elaborazioni grafiche generate sulle grandi dimensioni e quindi ridotte a risoluzioni più piccole di visualizzazione. Il secondo è invece **Deinterlaccia**, utilizzato per migliorare i fotogrammi video soprattutto da vecchie videocamere interlacciate, dove l'acquisizione delle immagini avviene per sovrapposizione di più fotogrammi suddivisi in strisce successive. Come già accennato, si tratta di strumenti tecnici o forse non più del tutto attuali, di raro uso per l'utente comune. Ben più frequente, invece, è la funzione **Destriscia**. Sarà capitato a molti di acquisire una fotografia tramite scanner e di trovare, in digitale, delle aree verticali di colore più scuro, per un effetto quasi zebrato. Questo problema è comune ad alcune tipologie di scanner, in particolare le più economiche, e può essere facilmente risolto con GIMP. Dalla finestra dell'opzioni, basterà agire sulla levetta della larghezza o sull'istogramma fino all'eliminazione del difetto.

Il **Filtro NL**, acronimo di "Non Lineare", è un tool molto utile quando si vuole migliorare l'immagine unendo più filtri contemporanei, come il controllo del contrasto, l'addolcimento dei bordi, la smacchiatura e l'epurazione del rumore. A livello tecnico, il filtro campiona ogni singolo pixel rapportandolo a quelli adiacenti, rendendolo più omogeneo. Nella pratica, sono disponibili tre modalità a scelta dell'utente: Media Limitata da Alfa, Sfocatura con Stima Ottimale, Rafforzamento dei Contorni. Le tre modalità agiscono, nei fatti, aumentando o diminuendo contrasto e sfocatura, eliminando la necessità di più applicazioni successive o diversi filtri in sequenza.

La **Maschera di Contrasto** è uno dei filtri che, con molta probabilità, l'appassionato di fotoritocco si troverà a sfruttare più frequentemente. A differenza del già citato Affilatura, migliora il contrasto dell'immagine senza però evidenziare i rumori di fondo e le altre imperfezioni già presenti.
Le impostazioni delle opzioni interne (Raggio, Ammontare e Soglia) dipendono dall'immagine e dalle necessità dell'utente. In linea generale, si ottengono scatti dal contrasto più evidente e dai bordi ben marcati, senza però il tipico effetto a puntini bianchi di altri strumenti simili. Inoltre, è quasi indispensabile quando si tenta di riportare a fuoco soggetti in scatti originariamente sfocati.

Il filtro di **Rimozione Occhi Rossi** non necessita di grandi presentazioni. Può capitare che, durante l'utilizzo del flash in scene non sufficientemente illuminate, le pupille dei soggetti ripresi appaiano rosse. Il difetto può essere risolto sia utilizzando flash a doppio lampeggio, come la gran parte di quelli disponibili nelle macchine fotografiche moderne, oppure riportando in digitale la pupilla al colore nero. Lo strumento di GIMP risponde perfettamente a questo scopo, in modo facile grazie a una pratica levetta,

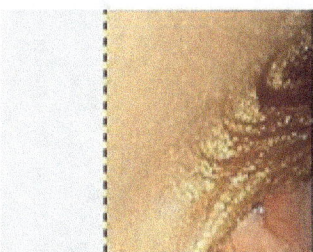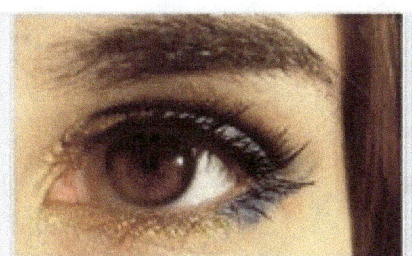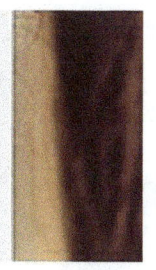

La funzione **Smacchiatura**, infine, è pensata per rimuovere difetti e rumori delle immagini digitalizzate, come graffi, polvere, macchie da scansione, ma anche rumore dovuto a ottiche digitali di qualità non eccelsa. Con una mediana adattiva o ricorsiva, permette di controllare i livelli del bianco e del nero fino alla scomparsa, con un'impostazione a piacere, del disturbo rilevato.

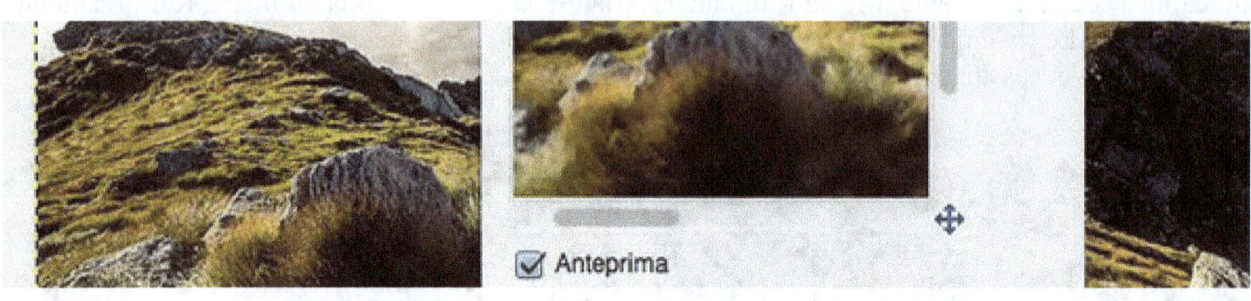

Distorsioni

Tra i filtri di **GIMP** più comunemente utilizzati, le **distorsioni** conquistano uno spazio di certo rilievo nelle attività quotidiane di photoediting. Questo set di funzioni, infatti, permette di modificare profondamente uno scatto, simulandone nuovi parametri per le lenti, prospettive, inclinazioni, sfocature e molto altro ancora. Non a caso, dei menu dedicati ai filtri, la selezione delle distorsioni è davvero corposa. Sono poco meno di una ventina le funzioni messe a disposizione dal software gratuito, pronte per coprire ogni esigenza del designer. Di seguito, una carrellata su quelle più importanti.

Distorsioni: tipologie ed esempi

Per accedere al gruppo ben nutrito di filtri, è sufficiente posizionarsi su Filtri, quindi su **Distorsioni** e scegliere la voce che possa fare al proprio caso.

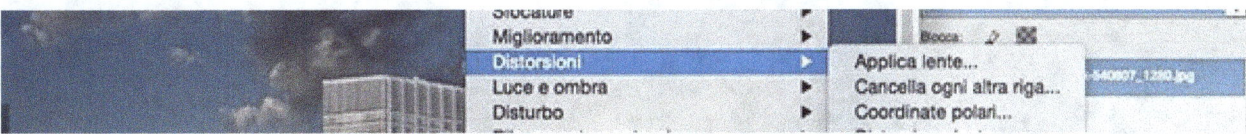

La prima modalità, **Applica Lente**, permette di simulare un effetto di rigonfiamento tipico di alcune lenti, quali ad esempio il fisheye. Vi è poi la possibilità di modificare lo sfondo, sia mantenendo la foto originale che impostando un colore di riempimento.

Cancella Ogni Altra Riga permette di eliminare, così come suggerisce il nome, delle righe sull'immagine, in un ritmo alternato. **Coordinate Polari**, invece, offre un simpatico effetto circolare per le immagini, in pieno stile "small planet" così come da recente trend del Web. Il filtro.

Con **Distorsione Lente**, una feature che tornerà particolarmente utile sia ai neofiti che ai professionisti, sarà possibile rigonfiare lo scatto per simulare la deviazione da obiettivo, come ad esempio nel caso di un grandangolo.

La funzione **Effetto Giornale** consente di applicare un rapido dithering spaziale all'immagine, per simulare la quadricromia tipica dei quotidiani. In questo modo, si riducono le informazioni in bit dello scatto, pur mantenendo però una certa profondità tonale.

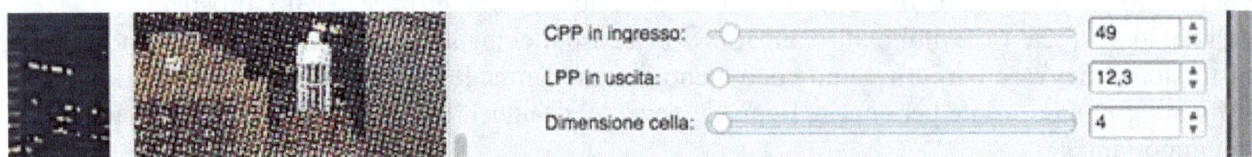

Increspature è un filtro pensato per riprodurre la tipica distorsione dell'immagine quando riflessa in acqua, quindi con uno spostamento verso l'esterno degli elementi fondanti della scena.
La quantità dell'increspatura, così come la qualità, è regolabile tramite la finestra di controllo.

Tra i tanti filtri di distorsione, **iWarping** è forse uno dei più originali. Non solo permette di modificare porzioni dell'immagine semplicemente trascinando parti della stessa, dopo aver impostato a piacere le opzioni di base, ma anche di effettuare delle brevi animazioni, quali effetti di transizione tra lo scatto originale e quello alterato.

Non ha invece bisogno di troppe presentazioni la modalità **Mosaico**, uno strumento pensato per suddividere l'immagine in numerosi tasselli, chiamati piastrelle, da definire secondo il numero e la forma preferita dall'utilizzatore.

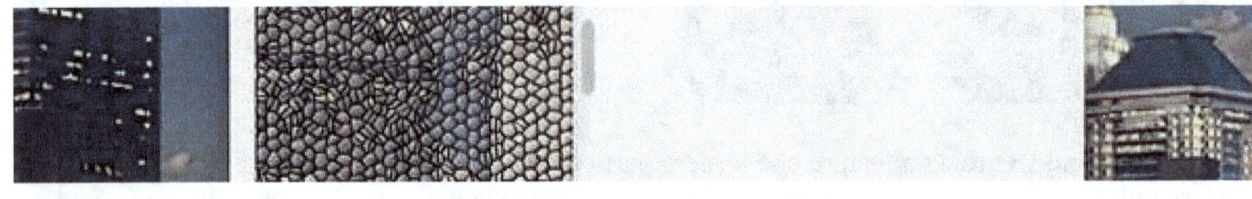

La modalità **Onde**, similmente a quella Increspatura, riproduce l'effetto tipico di un'immagine riflessa nell'acqua. Anziché in base al naturale movimento del liquido, questo filtro gioca sugli spostamenti concentrici dello stesso, ad esempio quando la superficie viene colpita da un sasso.

La feature **Pagina Arricciata** garantisce la possibilità di aggiungere un angolo ripiegato ai lati dello scatto, come se si stesse voltando pagina. **Piega Curva**, invece, consente di ripiegare l'immagine secondo un pattern definito da un'apposita curva nella finestra delle opzioni. Si possono quindi ottenere deformazioni lineari, ad esempio con un effetto concavo o convesso da lato a lato, ma anche originali separazioni geometriche.

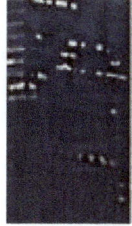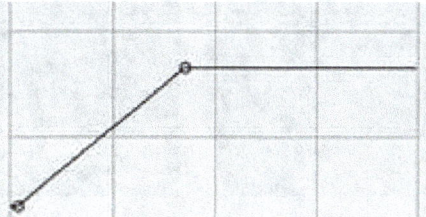

Quando si desidera ottenere un effetto di luce a propagazione, ad esempio quella tipica del sole al tramonto, è necessario aumentare l'intensità dei pixel fra loro confinanti ma di tenore di diverso. A questo scopo, utile è il filtro **Propagazione Valore.**

Anche lo strumento **Rilievo** non ha bisogno di molte presentazioni, poiché disponibile praticamente in tutte le suite di photoediting, nonché ormai da tempo poco usato. Permette di riprodurre l'effetto tipico di un bassorilievo sull'immagine. Il filtro **Spostamento** modifica invece la posizione di tutti i pixel per righe orizzontali o verticali, entro un lasso di riferimento con lunghezze casuali. Questo processo determina immagini dal tipico effetto ad espansione, come ad esempio un fascio di luce nella notte o nel bel mezzo di una fitta coltre di nebbia.

Per i più creativi, lo strumento **Strisce** offre la possibilità di inserire delle righe orizzontali o verticali sull'immagine, sia per ottenere separazioni artistiche, che per ottenere un'effetto finale a tapparella.

Così come suggerisce il nome, il filtro **Vento** è utile per realizzare il tipico spostamento causato da una folata d'aria, quale ad esempio la sappia e il pulviscolo di passaggio, ma anche la tipica distorsione della calura che si solleva dal suolo d'estate. Agisce normalmente in una sola direzione, verso l'esterno.

Vortice e Pizzico, infine, applica sull'immagine una distorsione concentrica, tipica di una fotografia stampata su carta particolarmente malleabile o un tessuto elastico.

Luce e ombra

Il percorso sui filtri di **GIMP** prosegue con il set di funzioni **Luce e Ombra**. Con gli strumenti inclusi in questo gruppo, forse più esiguo rispetto agli altri filtri, si potranno creare illuminazioni artistiche per i propri scatti, nonché regolare a livello basico funzioni come le ombreggiature, i mezzitoni e la luminosità Tutti i **filtri** si trovano nell'omonimo menu, sotto alla dicitura Luce e ombra.

Effetti di luce e di ombra

Il primo filtro a disposizione dell'utente è quello denominato **Chiarore a Gradiente**. Con questo strumento si potrà ricreare il tipico effetto di rimbalzo della luce sulla lente, in condizioni di illuminazione molto accesa. Un bagliore, ad esempio, tipico anche delle fotografie in media controluce. Tra le impostazioni, la possibilità di definirne il raggio, le dimensioni, la posizione sulla scena, l'intensità e molto altro ancora.

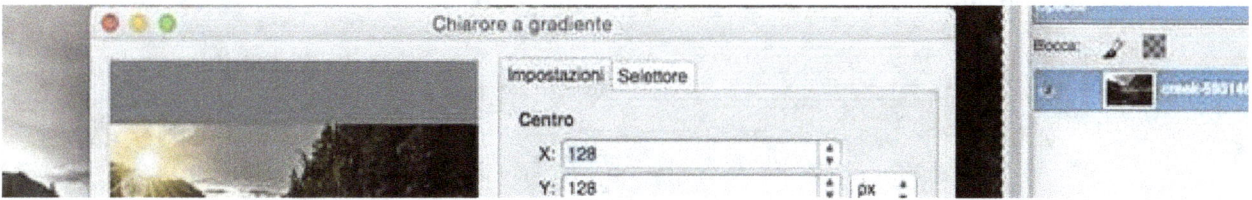

Si prosegue con gli **Effetti di Luce**, uno strumento pensato per la creazione di un fascio illuminato, di medie dimensioni e puntato su un oggetto. L'esempio è quello tipico di un faretto che si riflette sulle pareti di un monumento o, in alternativa, viene lanciato verso il cielo. Le impostazioni a propria disposizione sono moltissime: si può scegliere la dimensione, la tipologia di luce, la direzione, il materiale oppure agire sulle mappe di sbalzo o ambiente. Tutti settings che non hanno dei precisi valori di riferimento, ma dipendono dal gusto del designer, a seconda del risultato di volta in volta mostrato nell'anteprima.

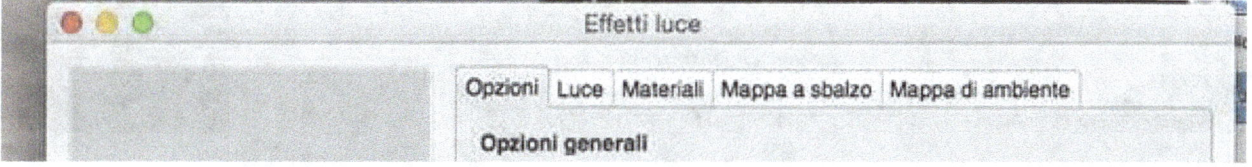

Con **Riflesso Lenti**, si ricrea la tipica rifrazione della luce sulle lenti dell'obiettivo fotografico, con la creazione di raggi dorati oppure la formazione di esagoni in sovrimpressione. Conosciuto anche come *lens flare*, l'effetto viene realizzato spostando la posizione della fonte d'emissione sullo scatto.

La funzione **Scintillio** serve per aggiungere dei piccoli bagliori alle immagini, per ricreare ad l'effetto "bling" della gioielleria, oppure inserire in cielo dei punti di sovrapposizione e ombra creati dal sole. Non si tratta di un filtro particolarmente usato e, nonostante le numerose impostazioni per regolarne al meglio ogni parametro dalle dimensioni alla lunghezza dello scintillio, non è forse fondamentale per il designer.

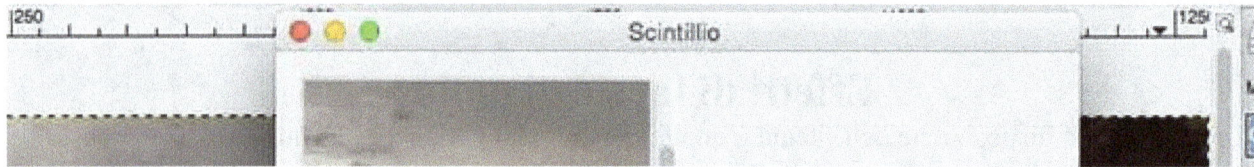

Il filtro **Supernova** è pensato per realizzare un grande punto luce in cielo, come appunto quello generato da una grande stella. Il risultato sarà un centro bianco da cui partono molti raggi colorati, in genere in tinta blu, anche se il tool permette di definire qualsiasi colore si desideri. Le opzioni aggiuntive regolano dimensione, tonalità casuale e molto altro.

L'**Effetto Estrazione** è un filtro particolare. Trattandosi di uno **Script-Fu**, prevede una serie progressiva di operazioni sullo scatto, realizzate in sequenza e in modo automatico. Per questo, non prevede un'anteprima live di quanto creato. La funzione promette di migliorare il rapporto tra luce, ombre e mezzitoni secondo le impostazioni preliminari dell'utente, tra cui la definizione di un colore e di un'opacità di evidenziazione, per rendere la scala d'illuminazione finale più viva o per evidenziale un determinato oggetto dello scatto.

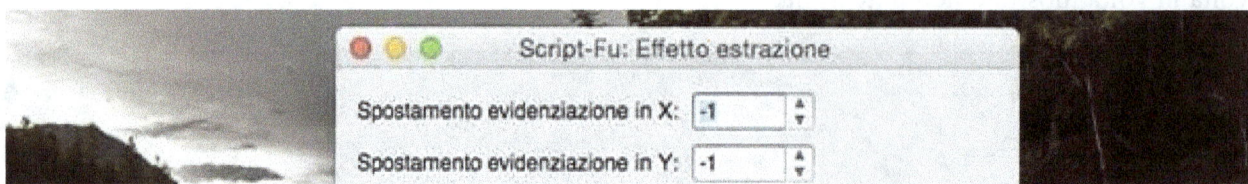

Proietta Ombra, anche questo uno Script-Fu, aggiunge a un'immagine o alla selezione corrente un'area di sfondo, su cui è riflessa l'ombra. L'area stessa può essere bianca, trasparente o colorata, così come è possibile controllare l'intensità e la tonalità dell'ombra proiettata. Si tratta di uno strumento utile quando si vuole staccare visivamente un oggetto o uno scatto dallo sfondo e, qualora si avesse dimestichezza con Photoshop, non sarà molto diverso dal classico Ombra Esterna.

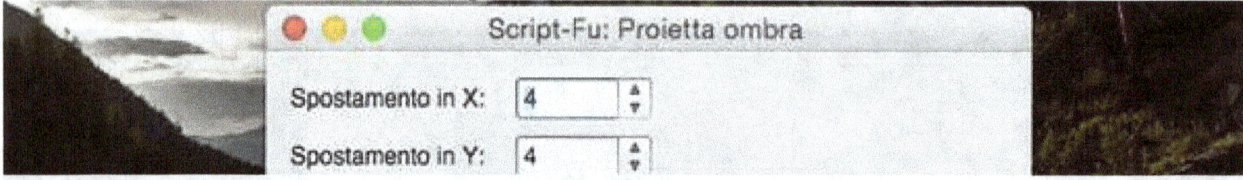

Infine **Prospettiva**, sempre uno Script-Fu, in modo simile al precedente Proietta Ombra, consente di inserire un'ombra prospettica tra lo scatto in verticale e lo sfondo, in modo che questo appaia come un foglio poggiato di lato. L'utente potrà definire l'angolo, l'intensità, la tonalità e molto altro ancora.

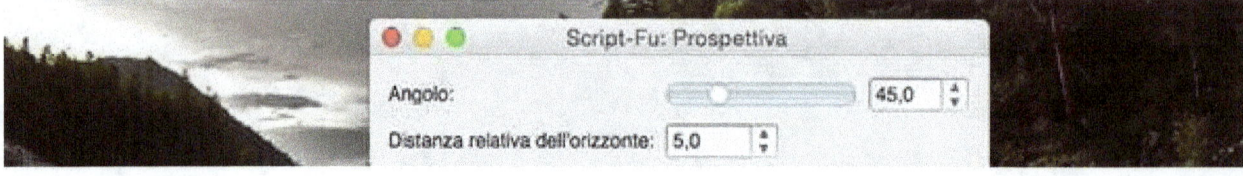

Rilevamento contorni

Sono molte le operazioni intermedie che possono risultare necessarie durante un processo di photoediting. Fra queste, la necessità di isolare dei soggetti della scena, evidenziandone i bordi, per un lavoro di ritocco selettivo. **GIMP** propone, per questo e altri compiti, un buon numero di **filtri** per il rilevamento dei **contorni**: cercando tramite algoritmo le differenze di colore fra aree adiacenti, gli strumenti permettono di mettere in evidenza alcune porzioni della scena. Di seguito, una breve carrellata sul gruppo di strumenti **Rilevamento Contorni**, disponibile nell'omonima voce del menu Filtri.

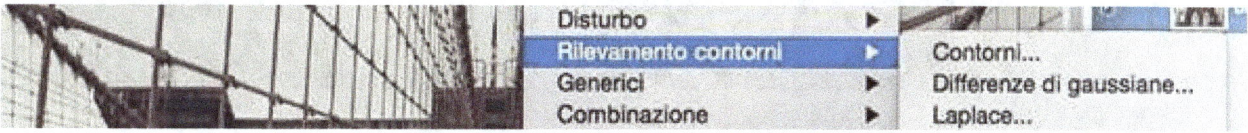

I filtri disponibili

La prima voce disponibile fra le opzioni dei contorni di GIMP, è quella relativa all'omonimo filtro **Contorni**. Lo strumento permette di evidenziare i bordi della figura tramite la scelta dell'algoritmo di propria preferenza, dal Sobel al Laplace, ottenendo così risultati differenziati. Di norma, i contorni sono mostrati in bianco su sfondo nero e possono presentare linee e intersezioni di altri colori, non essendo completamente privativo.

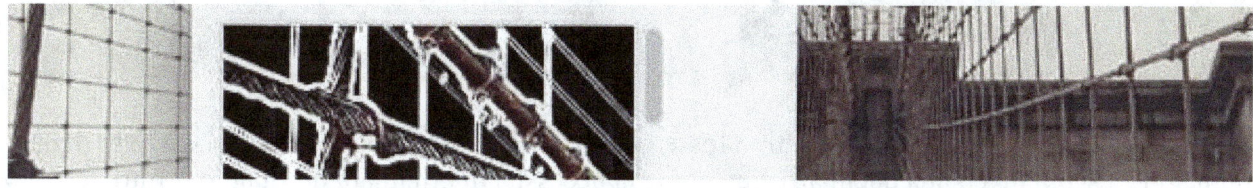

Si prosegue con la **Differenza di Gaussiane**, un filtro che permette di isolare i bordi su sfondo bianco, grazie all'applicazione automatica di due sfumature gaussiane, quindi rimandando all'immagine finale tramite algoritmo. Tra le opzioni, la possibilità di definire il raggio per ogni singola sfumatura gaussiana.

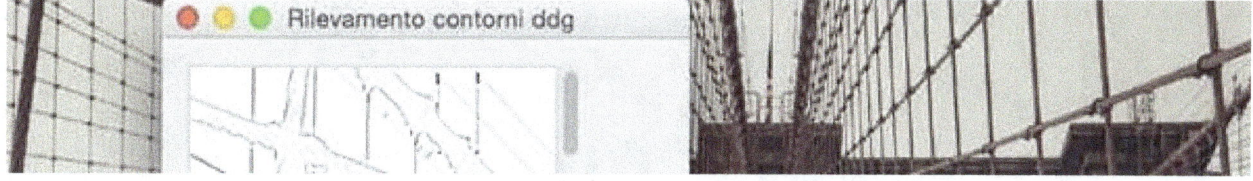

Il filtro **Laplace** funziona tramite il cosiddetto metodo laplaciano: in altre parole, evidenzia i bordi in bianco su sfondo nero, con linee non superiori di un pixel. È destinato di solito a scene e oggetti dall'aspetto quasi monolitico, per non generare eccessiva confusione di isolamento.

Sebbene non abbia bisogno di troppe presentazioni, il filtro **Neon** è pensato per evidenziare i bordi sempre su sfondo nero, ma con un bagliore tipico di questo tipo di illuminazione. I contorni, di conseguenza, saranno genericamente di colore bianco e azzurro, con qualche sfumatura di rosso. Dalle opzioni aggiuntive è possibile regolarne il raggio e l'ammontare del riverbero visivo, mentre è necessario prestare attenzione per non confondere lo stesso filtro con l'omonimo Script-Fu, quest'ultimo dedicato invece alle composizioni artistiche.

Gli strumenti a propria disposizione si esauriscono con il filtro **Sobel**, pensato per rilevare contorni verticali e orizzontali separatamente nell'immagine, quest'ultima prima convertita in una scala di grigi. Anche in questo caso, lo sfondo prescelto è il nero, mentre le line della composizione saranno bianche e quasi impercettibili, in modo analogo al Laplace visto poc'anzi. Tra le opzioni aggiuntive, la possibilità di eseguire il filtro solo verticalmente, solo orizzontalmente oppure entrambi.

Naturalmente, qualora il proprio obiettivo fosse quello di rilevare una porzione o un soggetto di un immagine a scopi diversi da quelli artistici, come la necessità di effettuare un ritaglio, i filtri potranno essere fra di loro combinati per risultati più precisi.

Filtri generici

A metà del percorso di scoperta dei numerosi filtri di **GIMP**, il software offre un gruppo abbastanza ristretto di opzioni, racchiuse all'interno della dicitura **Generici**. A dispetto del nome, tuttavia, non si tratta di filtri semplicemente pensati per operazioni di base sulle fotografie, ma questo raggruppamento risponde più a delle esigenze logiche: questi strumenti, infatti, non possono essere per loro natura accorpati ad altri gruppi già presenti nel software. Pur essendo solamente tre, come si vedrà più avanti, le possibilità creative rimangono comunque elevate. In questo menu, infatti, vi è anche la possibilità di realizzare degli elementari e potenti **filtri personalizzati**. Per accedere a questa famiglia di strumenti, è sufficiente selezionare il menu Filtri, quindi la voce Generici.

Generici

L'analisi dei cosiddetti filtri generici parte con **Dilata**, un filtro pensato per mettere in risalto le aree più scure del livello, del layout o della selezione effettuata. Il filtro allinea il valore di luminosità di ogni singolo pixel con il minimo degli 8 pixel confinanti, muovendosi lungo l'immagine secondo una matrice 3×3. Così facendo, verranno aggiunti pixel scuri in aree contigue, mentre quelli in aree isolati verranno resi più grandi. L'effetto finale, come facile prevedere, cambia a seconda della scena di partenza e può essere sia più chiaro che più ombroso rispetto all'originale.

Anche il filtro **Erodi** funziona in modo simile a quello Dilata, visto poc'anzi, seppur con risultati opposti. Lo strumento mette in risalto le aree chiare della selezione, del layout o dell'immagine prescelta, quindi si otterranno delle zone molto illuminate e delle altre, invece, decisamente più scure. Anche in questo caso, per ogni pixel il valore della luminosità viene allineato al massimo degli 8 pixel confinanti, in una matrice 3×3. Si avrà quindi l'aggiunta di pixel chiari nelle aree chiare, mentre i pixel in zone isolate verranno eliminati o dilatati.

L'universo della **Matrice di Convoluzione** è ben più complesso, sebbene raramente sarà necessario al designer farvi ricorso, soprattutto durante le operazioni quotidiane di fotoritocco. Lo strumento nasce per garantire la possibilità di elaborare delle soluzioni personalizzate, considerato come ogni filtro agisca sempre tramite matrici, processate attraverso quelli che sono definiti i kernel. Nel caso di GIMP, la matrice è l'immagine che si vuole processare, intesa come insieme bidimensionale di pixel su coordinate rettangolari. Il **kernel**, invece, dipende dall'effetto desiderato.

Lo strumento permette di compilare delle matrici da 5×5 o da 3×3, quest'ultima riconosciuta automaticamente dal sistema quando i valori esterni della 5×5 sono impostati a zero. Impostando il valore in un pixel prescelto della matrice, si verrà a moltiplicare il valore di quest'ultimo e i valori degli otto pixel adiacenti secondo quelli impostati dal kernel. Considerato, però, come la base teorica sia abbastanza complessa da apprendere, per le azioni quotidiane sarà più che sufficiente lanciarsi nella sperimentazione, verificando dall'apposita anteprima cosa accada all'immagine al cambiamento di una cella.

Combinazione di filtri

Tra i vari gruppi di **filtri** disponibili in **GIMP**, un piccolo set è dedicato all'unione di due o più scatti fotografici in un'unica composizione. Raccolti nella voce **Combinazione** dell'omonimo menu Filtri, i due strumenti garantiscono la possibilità di eseguire dei mix di base, con una finalità prettamente artistica. Un modo veloce per giungere a composizioni creative, pur accontentandosi di un risultato algoritmico anziché della cura del dettaglio di ogni singolo passaggio eseguito direttamente dal designer.

Il filtro **Fusione di Profondità** nasce per unire due fotografie, affinché il loro risultato finale sia sovrapposto in relazione a diversi livelli di opacità. Lo strumento funziona avvalendosi di due immagini contemporaneamente aperte su GIMP, quindi di apposite mappe di profondità per definire una coppia di **maschere**. Tali maschere stabiliranno quali aree degli scatti sovrapporre e quali, invece, eliminare. Per accedere al filtro, è innanzitutto necessario che entrambe le fotografie abbiano la stessa dimensione in pixel. In caso contrario, infatti, la successiva finestra delle opzioni mostrerà solo una delle immagini a propria disposizione, rendendo quindi impossibile l'elaborazione. Controllate le dimensioni e attivato il filtro, ci si troverà di fronte a tutte le opzioni di personalizzazione.

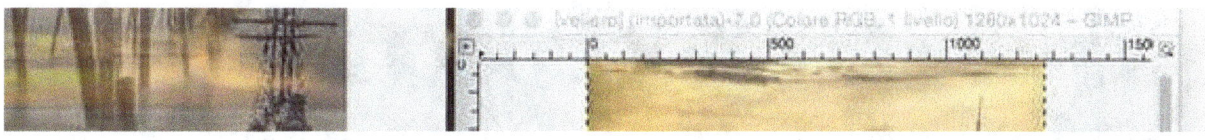

Il designer ha a disposizione quattro menu a tendina, due per scegliere la sorgente delle immagini e altrettante per le mappe di profondità, quindi dei comodi slider per regolare la sovrapposizione, la compensazione e la scala degli scatti. Senza l'impostazione di nessuna mappa, le due immagini saranno sovrapposte prive di maschere, in modo praticamente equo nella loro opacità. Creare una **mappa di profondità** è fortunatamente molto semplice: si preparano due layout dalle stesse dimensioni in pixel degli scatti e, con l'aiuto dello strumento **Gradienti**, si definiscono delle aree bianche e nere fra di loro sfumate. Queste corrisponderanno ai punti di visione, oppure di oscuramento, della maschera. Basterà quindi sceglierle negli appositi menu a tendina.

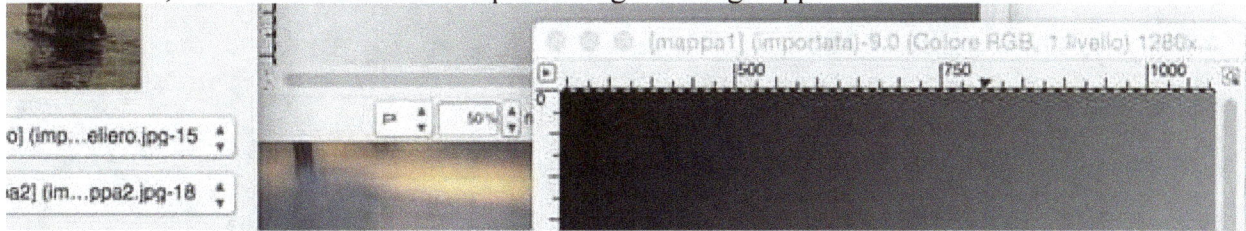

Infine, è sufficiente avviare il comando per vedere apparire, dopo qualche secondo di elaborazione, il risultato finale. In questo caso, si sono utilizzate delle mappe in diagonale, per rendere evidente come funzioni la sovrapposizione. In realtà, la mappa dovrebbe essere realizzata in modo che possa agevolare l'eliminazione delle aree non gradite nella fotografia finale e, naturalmente, esaltare quelle che si vorranno invece mettere in evidenza.

Pellicola

Il filtro **Pellicola** è pensato per unire due o più scatti in un'unica composizione, anche se lo strumento stesso può comunque essere sfruttato sulla singola fotografia. Il proposito è quello di ricreare a schermo la tipica sequenza delle immagini su pellicola fotografica, quindi con tanto di bordi forellati e numerazione impressa. Naturalmente, a differenza di un **negativo** vero e proprio, i colori non risulteranno invertiti. La finestra delle opzioni, permette di regolare molti aspetti della combinazione. Grazie alle due colonne di destra, si potranno aggiungere o rimuovere scatti al proprio negativo, semplicemente cliccando sui tasti "Add" o "Remove". Le opzioni di sinistra, invece, permettono di regolare il carattere e il colore della numerazione, l'altezza della pellicola stessa e altro. Lo stesso, anche nell'apposito pannello delle feature **Avanzate**.

Raccolti tutti i singoli scatti, sarà sufficiente confermare con il comando d'avvio per vedere creata la propria pellicola. La velocità d'esecuzione dipende dal numero delle immagini incluse, nonché dalla potenza del proprio computer.

Filtri artistici

Un gruppo di strumenti di uso particolarmente frequente, almeno per chi si avvicina per le prime volte a **GIMP**, è quello dei filtri **Artistici**. Così come suggerisce il nome, si tratta di filtri specificatamente pensati per modificare in modo creativo i propri scatti, ad esempio simulando l'effetto di un quadro a olio oppure saturando i colori fino a ottenere un panorama impressionista. In genere, simili set di funzioni non hanno bisogno di troppe presentazioni, poiché la loro applicazione è immediata. Come di consuetudine, il gruppo Artistici si trova nell'omonima voce, all'interno del menu **Filtri** di GIMP.

Date le caratteristiche davvero di semplice comprensione di questo gruppo di filtri, nonché le opzioni decisamente ridotte per l'intervento diretto da parte del designer, non ci si soffermerà troppo sui dettagli di funzionamento, bensì gli strumenti saranno velocemente presentati in una sorta di elenco. Si comincia da **Applica Tela**: un filtro che, come suggerisce il nome, riproduce sull'immagine una trama tipica di una tela per dipinti. L'utente può sceglierne la dimensione e la profondità.

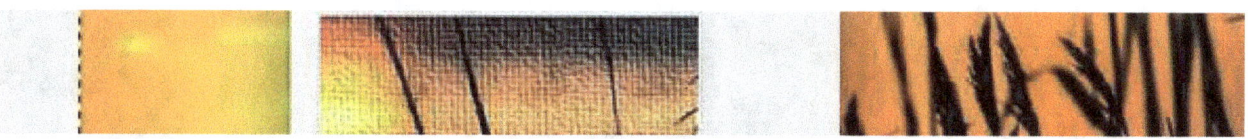

Chiarore Sfumato, invece, applica alla fotografia uno schiarimento mirato, affinché i soggetti ripresi siano circondati da un alone chiaro e vagamente sfocato, simile all'effetto di un tramonto. Tra le opzioni regolabili, raggio, brillantezza e nitidezza.

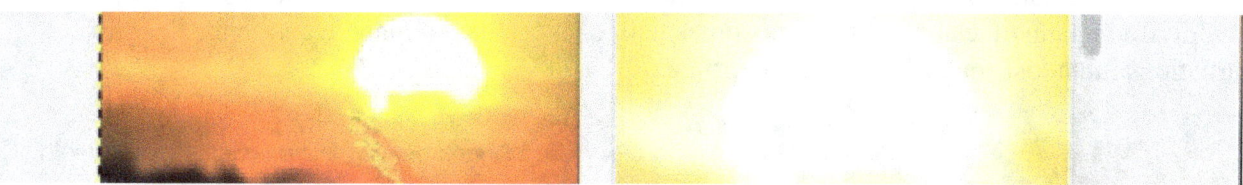

Anche il filtro **Cubismo**, come suggerisce il nome, è di semplice comprensione: il tool modifica piccole porzioni dell'immagine per ottenere degli effetti colore quadrati, tipici dell'omonima corrente artistica. L'utente potrà scegliere la dimensione delle mattonelle, ovvero delle sezioni geometriche, e la loro saturazione.

Il filtro **Drappeggia** è il primo degli **Script-Fu** incontrati in questa sezione. In quanto tale, non dispone di un'anteprima dell'effetto applicato, poiché composto da diversi passaggi automatizzati, pertanto il risultato potrà essere vagliato soltanto alla fine. È pensato per aggiungere una texture simile al tessuto sull'immagine e, dispone di controlli di sfocatura, azimuth, elevazione e profondità.

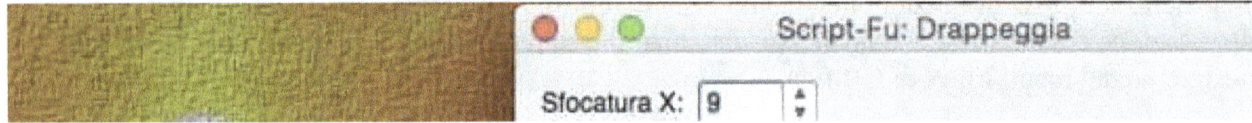

Fotocopia, come facile intuire, realizza un'immagine in bianco e nero dell'originale, con sfumature e macchie tipiche di una fotocopia. Nella figura sotto sono evidenti le personalizzazioni come raggio, nitidezza, profondità del nero e del bianco.

Il filtro **Fumetto**, anche questo molto evidente dal nome, aggiunge un tratto tipico del disegno alle immagini, aumentando il contrasto fra i colori e dominando il nero dei contorni.

GIMPressionista è uno dei filtri più avanzati di questa sezione. Viene utilizzato per trasformare i propri scatti in dipinto, applicando diversi stili, dal cubismo al puntinismo. Tantissime le opzioni, suddivise in pannelli e altrettanti menu contestuali, da mescolare a piacere a seconda dei gusti artistici, aiutandosi con la finestra d'anteprima.

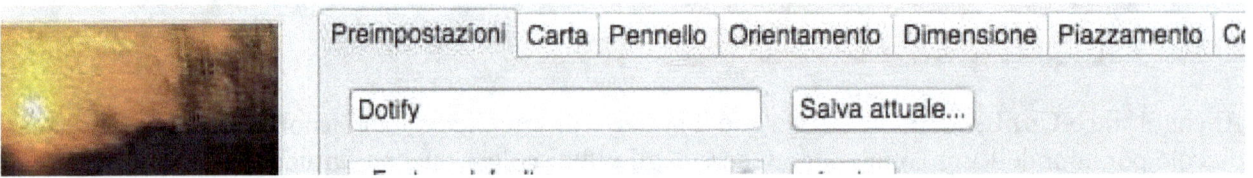

A discapito del nome, che rimanda a effetti di movimento tipici dell'acqua, il filtro **Onda** realizza una trama su una mappa a sbalzo, raggiungendo l'effetto di un intreccio di strisce (simile a un cestino) sovrapposto all'immagine originale.

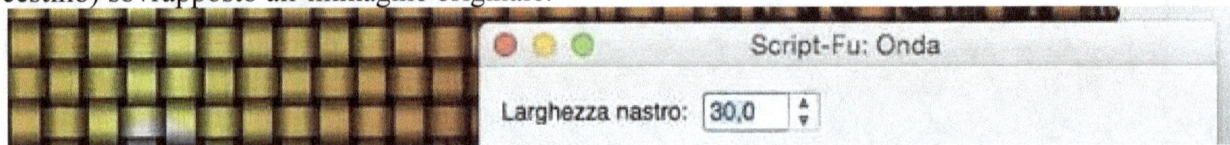

Anche **Piastrelle di Vetro** è un filtro dal nome autoevidente: è pensato per suddividere l'immagine in numerosi rettangoli, le cui estremità sono sfumate per riprodurre la tipica sensazione visiva dei blocco di vetro. Tra le opzioni, la lunghezza e la larghezza delle piastrelle.

Tra i più classici degli strumenti, **Pittura a Olio** permette di trasformare una fotografia in un quadro, regolando la dimensione della maschera e l'esponente fino a ottenere il tratto di pennello desiderato.

Predator, il cui nome è ripreso da una famosa pellicola, offre la possibilità di trasformare i propri scatti in elementari termografie, quindi con colori invertiti rispetto all'originale, prevalenza del nero e contorni dal blu al rosso a seconda del calore.

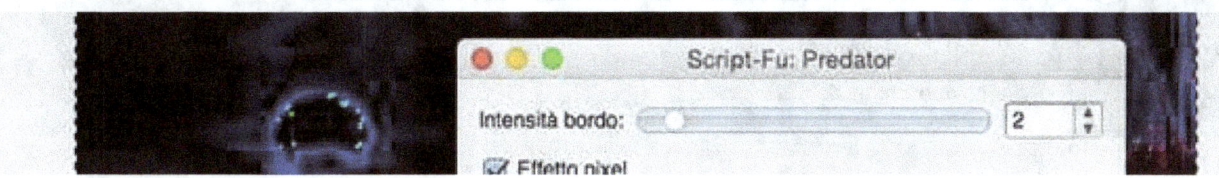

Van Gogh, anche questo privo di anteprima, è un tool pensato per distorcere le linee direzionali delle immagini, affinché si possa ottenere un effetto tipico dei quadri dell'artista olandese.
Le opzioni sono molte e, in linea generale, si dividono per tonalità, saturazione e brillantezza.

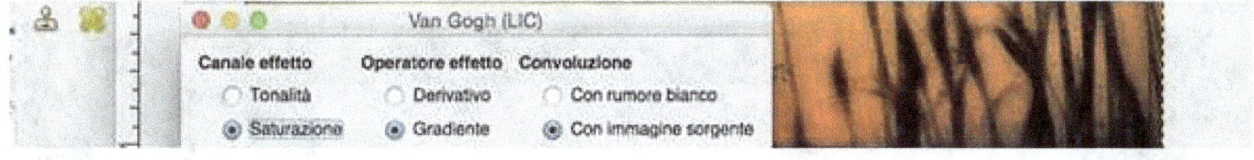

Filtri decorativi

Oltre ai filtri Artistici, GIMP mette a disposizione dell'utente un buon numero di **filtri Decorativi**. Gli scopi sono simili ai predecessori, ovvero abbellire con degli effetti preimpostati i propri scatti, ma i risultati riguardano più questioni marginali come cornici, forma dei bordi, rilievi e quant'altro. Per accedere a questo set di filtri, è sufficiente posizionarsi sull'omonimo menu e scegliere la voce Decorativi.

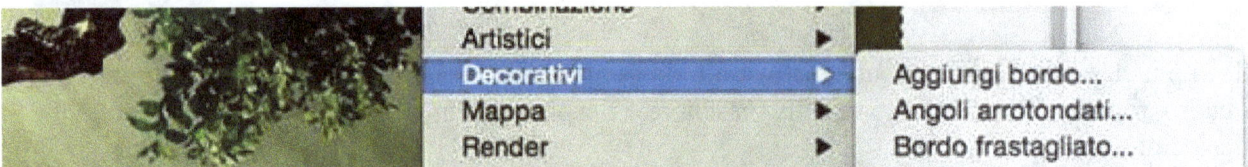

Prima di cominciare, è bene ricordare come si tratti di **Script-Fu:** dei plug-in, ovvero, pensati per eseguire automaticamente più passaggi prima di giungere al risultato visivo sperato. Per questo motivo, di conseguenza, non saranno disponibili le anteprime rispetto al filtro scelto. La trattazione parte con la funzione **Aggiungi Bordo** che, così come suggerisce il nome, permette di aggiungere una cornice colorata al proprio scatto. Tra le opzioni di personalizzazione disponibili, la dimensione del bordo, il colore e la sovrapposizione delta del colore rispetto alla tinta originale dello scatto.

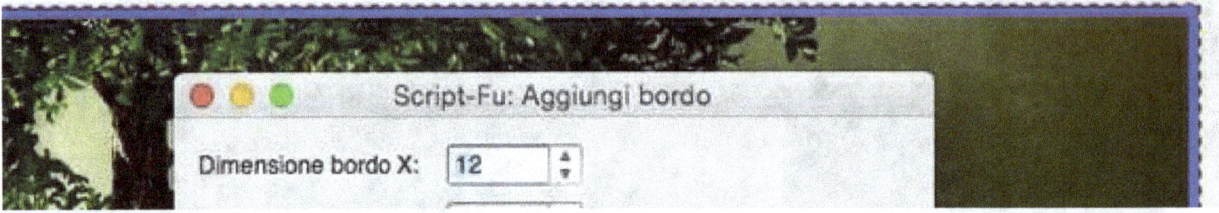

In modo del tutto analogo, ma con effetti finali differenti, lavora **Aggiungi Bordo Frastagliato**. Questo filtro permette di sfumare le estremità dello scatto, fino a ottenere una cornice irregolare. Le opzioni per l'utente comprendono la sfocatura, la possibilità di lavorare su una copia anziché l'originale e l'eventuale appiattimento dei bordi dell'immagine. Tutte queste opzioni sono visibili.

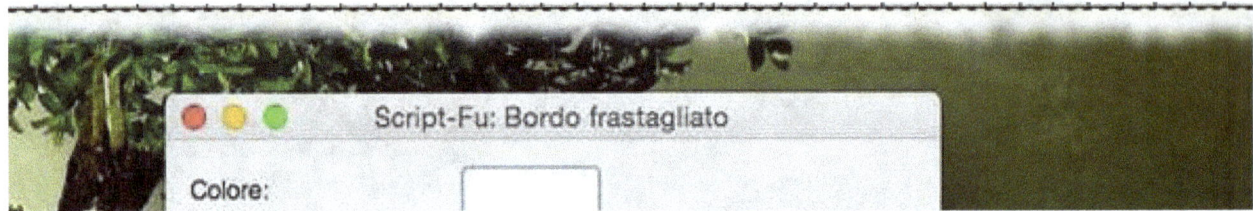

Il filtro **Macchie di Caffè**, come evidente dalla dicitura, permette di aggiungere l'alone tipico di una tazza di caffè poggiata su un foglio di carta. Le opzioni permettono di regolare il numero delle macchie, così la loro sovrapposizione sui toni scuri. L'esecuzione dello Script-Fu è mediamente lenta, mentre una composizione d'esempio è disponibile.

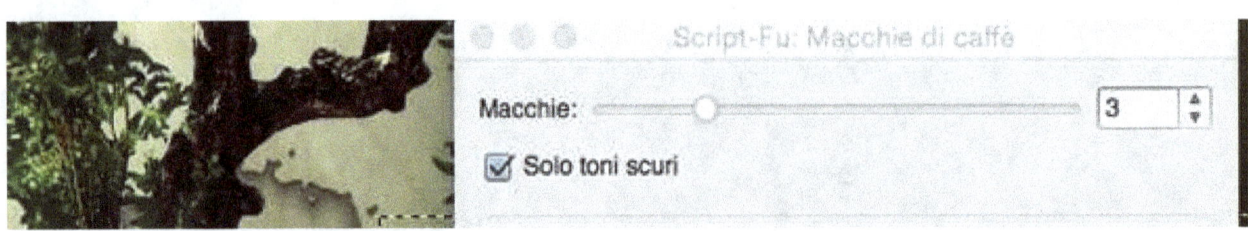

Il filtro **Pellicola**, già incontrato in precedenza, permette di aggiungere dei bordi ai propri scatti simili a negativi oppure a bobine cinematografiche. L'utente potrà modificarne il testo, il colore dello stesso nonché il carattere, quindi la numerazione dei fotogrammi.

Con **Porta in Rilievo**, GIMP permette di aggiungere dei bordi sollevati rispetto all'immagine, così da conferire un aspetto tridimensionale alla composizione. Per funzionare, viene creata una **mappa di sbalzo**, ovvero un livello dove il rilievo è creato tramite sfumature e alpha. L'utente può definire la grandezza in pixel del rilievo, anche se il risultato finale potrebbe non essere particolarmente evidente su fotografie molto variegate dal punto di vista tonale: meglio applicarlo, quindi, su tinte uniformi.

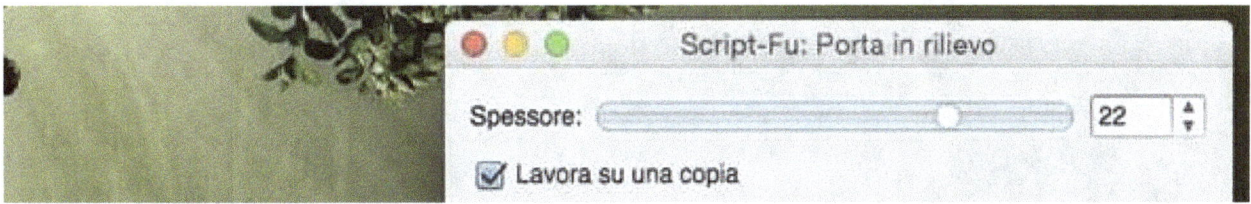

Il filtro **Scolpitura Cromatica** trasforma l'immagine in una complessa, e decisamente astratta, scultura cromata. Per funzionare, è necessario partire da uno scatto in scala di grigio privo di livello alfa, l'utente potrà quindi regolare saturazione e luminosità cromatica, il fattore di cromatura, aggiungere un'eventuale mappa e, infine, bilanciare sia la luminosità che la cromatura stessa. Come già accennato, l'effetto è artistico e astratto, quindi le impostazioni poc'anzi citate dipendono dal gusto e dal gradimento del designer.

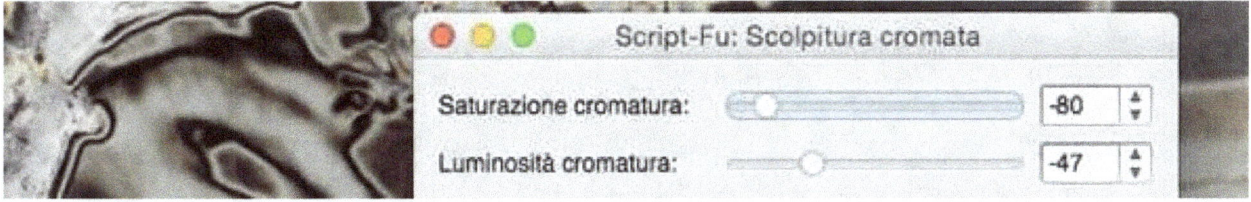

Così come la funzione precedente, anche la **Scolpitura Normografica** ha bisogno di un'immagine in scala di grigi, nonché priva del livello alfa, per poter funzionare. Il filtro è pensato per aggiungere un blando effetto di rilievo agli elementi dello scatto, per un piacevole risultato finale simile al **bassorilievo**.

Il filtro **Vecchia Foto**, così come suggerisce il nome, infine permette di trasformare uno scatto digitale in un'immagine vintage di inizio '900, con la possibilità di scegliere tra un effetto a macchie oppure un classico seppia, ma anche di rendere i bordi frastagliati per un'immediata sensazione di invecchiamento.

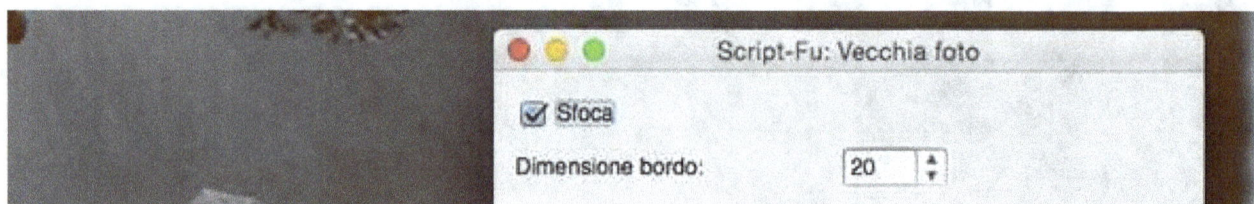

Filtri mappa

Nell'universo dei filtri disponibili per **GIMP**, alcune funzioni riguardano la **mappatura delle immagini**, tramite la fotografia d'origine oppure con elaborazioni secondarie preparate a questo scopo. Tali funzioni permettono di modificare l'immagine affinché possa essere riprodotto un effetto rilievo, si possa ripiegare lo scatto su parti definite dello stesso, spostare lungo una curva e molto altro ancora. L'insieme degli strumenti di questo gruppo si trova nella voce **Mappa** del menu **Filtri.**

Come già accennato, alcuni di questi filtri lavorano in abbinato a un **secondo scatto**, ovvero proprio la mappa per la modifica che si andrà a creare. Gli strumenti che si avvalgono di questa possibilità mostreranno, come si vedrà più avanti, un apposito menu a tendina per la scelta della mappa da applicare. Per poter essere visibile in lista, tuttavia, è necessario che questa seconda immagine sia già aperta in GIMP e abbia dimensioni in pixel identiche a quella d'approdo. In alternativa, gli stessi filtri possono essere gestiti utilizzando la fotografia originaria come mappa, ottenendo però dei risultati meno precisi e marcati. Il filtro **Fogli di Carta** permette di suddividere l'immagine in diversi pannelli, fra di loro sovrapposti, per creare una sorta di composizione a puzzle, come se lo scatto fosse stato stampato su un grande foglio poi tagliato in parti uguali. La disposizione dei singoli pannelli sul layout è causale e questi possono evadere i bordi della fotografia originaria.

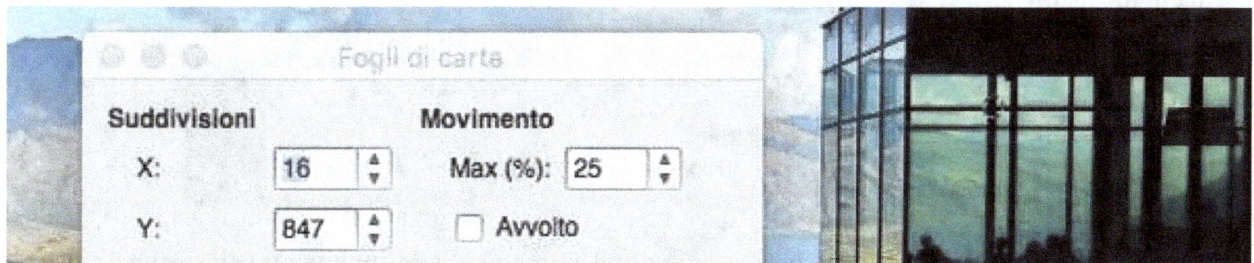

Lo strumento **Illusione**, invece, clona l'immagine in più copie sovrapposte e dall'opacità ridotta, per creare un vago effetto caleidoscopico.

Mappa a Sbalzo è il primo dei filtri in questa sezione che può avvalersi di una seconda immagine come guida. L'effetto crea un piccolo rilievo, una sorta di 3D, aumentando la profondità delle immagini. La mappa può essere realizzata disegnando un layer dalle sfumature arrotondate o, in alternativa, partendo dalla stessa foto originale.

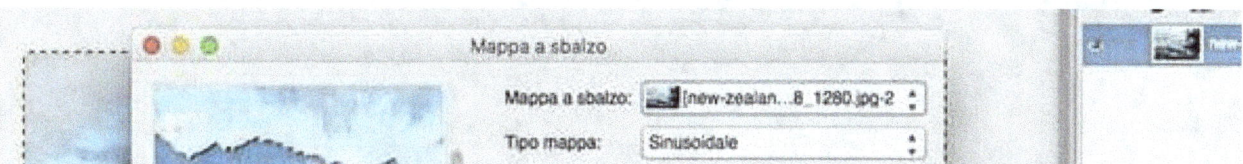

Mappa su Oggetto è simile al filtro precedente ma, anziché avvalersi di una seconda immagine, posiziona quella originale su un oggetto tridimensionale. Sono molti i preset disponibili nell'apposito menu a tendina, come ad esempio un cilindro o una sfera, mentre per oggetti personalizzati si può agire direttamente sul piano a griglia,

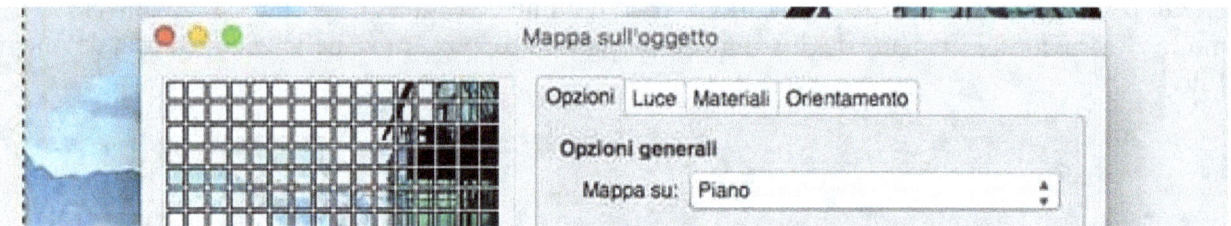

Il filtro **Piastrella** clona più volte l'immagine originale per crearne una più grande, dove la principale viene ripetuta in molteplici quadranti. L'utente può comunque definire la misura massima in pixel dello scatto finale.

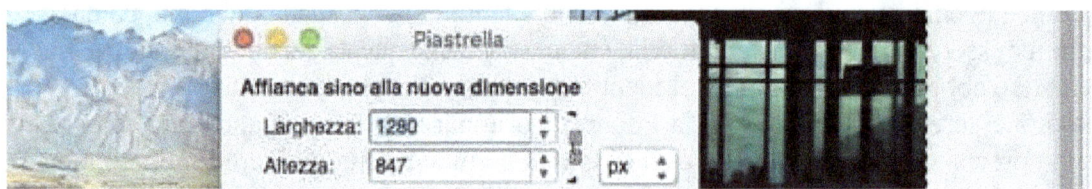

Anche **Piastrelle Piccole** moltiplica l'immagine in numerosi quadranti clonati ma, anziché allargare le dimensioni finali della fotografia, riduce l'immagine in tanti pannelli contenuti nella risoluzione nativa dello scatto.

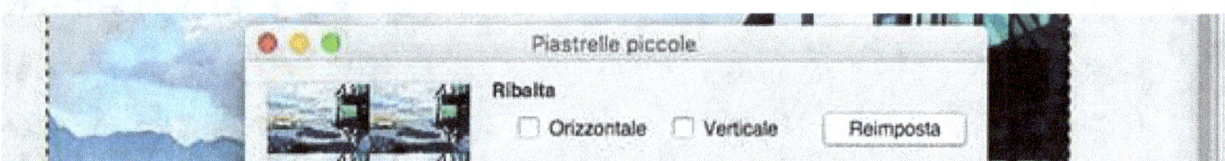

Il filtro **Rendi senza Giunzioni** moltiplica più volte l'immagine, similmente alle piastrelle poc'anzi viste, ma non delimita i singoli tasselli. Questi appariranno sfumati e sovrapposti, pronti a simulare un effetto caleidoscopico. Il filtro può agire sia su immagini piastrellate in precedenza che sulla foto originale e, a differenza degli altri di sezione, non presenta una finestra di dialogo.

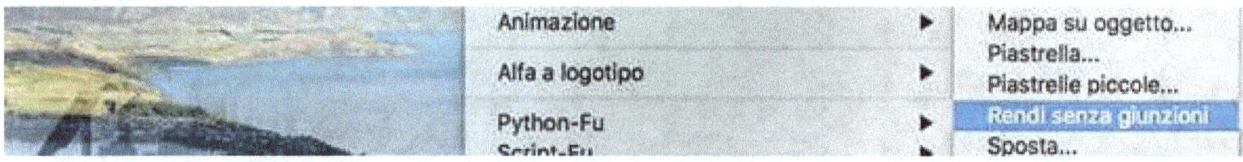

Lo strumento **Sposta** utilizza una mappa a sbalzo, oppure lo scatto originale, per spostare l'immagine di quanti pixel indicati nella finestra delle impostazioni, con un movimento sull'asse delle X e delle Y. In questo modo, si verrà a creare un effetto di sovrapposizione quasi tridimensionale, un rilievo analogo a quelli visti in precedenza.

Con **Traccia Frattale**, l'immagine viene moltiplicata più volte all'interno della principale, secondo un frattale di Mandelbrot. Il risultato è una sorta di mosaico indiano, con le singole immagini ripetute via via sempre più piccole.

Warp, infine, sposta i singoli pixel basandosi sui livelli di grigio di una mappa di spostamento, ovvero un gradiente, oppure basandosi sulla foto principale. Dal pannello molto complesso, si otterrà un effetto distorto: i pixel nelle aree piene di colore non vengono spostati e, maggiore sarà la pendenza del gradiente, più grande sarà lo spostamento.

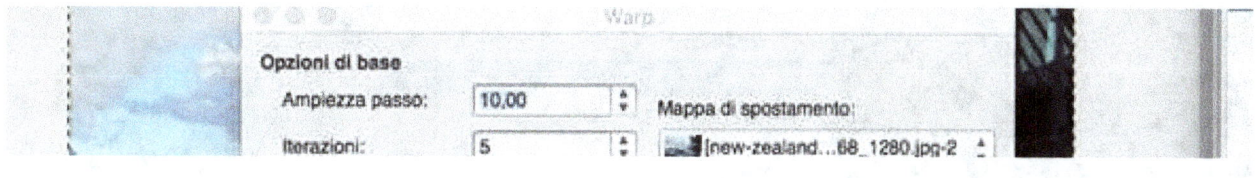

Filtri Web

I filtri di **GIMP** non coprono solo l'ambito della creatività, ma offrono anche degli strumenti per facilitare alcune delle operazioni più lunghe e noiose del fotoritocco, come il ritaglio o la mappatura di un'immagine. Funzioni che possono rendersi spesso necessarie per il Web, anche se oggi si preferiscono tecnologie più avanzate, tra applicazione serrata dei CSS e design minimal o parallasse. Denominati proprio **Filtri Web**, questo set di strumenti offre una soluzione per le operazioni più comuni garantendo, in gran parte dei casi, anche il relativo codice HTML da inserire nelle proprie pagine. Di seguito, uno sguardo a ognuna delle opzioni disponibili.

Filtri Web: come e quando usarli

Come per i set già visti nelle precedenti lezioni, anche i filtri Web si trovano nell'omonimo menu Filtri.

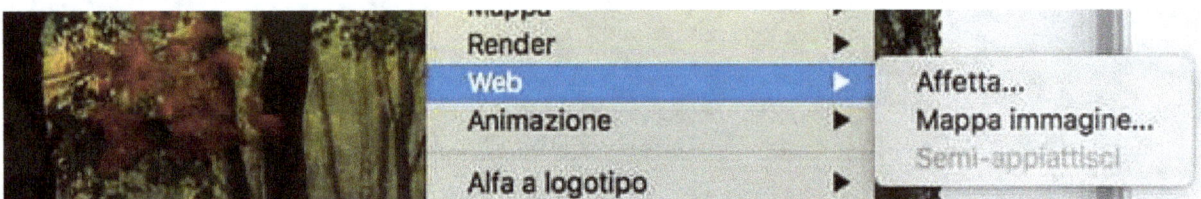

Il primo strumento a disposizione è quello denominato **Affetta**. Questo filtro nasce per suddividere l'immagine principale in diversi quadranti, così da associare a ognuno di essi un relativo codice HTML e, se necessario, aggiungere funzioni come link, testo al passaggio nel mouse o qualsiasi altra necessità di progettazione dovesse essere necessaria. Allo stesso modo, negli anni scorsi questa suddivisione in quadranti è stata sfruttata per agevolare la creazione di design complessi, anche facilitandone il caricamento degli elementi grafici, una possibilità oggi deprecata perché più facilmente gestibile con i fogli di stile. Il primo passo è quello di suddividere l'immagine nel numero di **quadranti** desiderato, semplicemente trascinando le guide dai righelli, facendole quindi intersecare l'una con l'altra. Attivando la funzione, si accede quindi alla finestra di dialogo. Questa comprende tutte le opzioni che si possono impostare sia per il taglio che per il relativo codice **HTML**: il percorso di esportazione, il nome del file di destinazione, l'eventuale suffisso delle immagini, il formato, la cartella di raccolta dei file grafici, eventuali funzioni allo scorrimento del mouse e molto altro ancora.

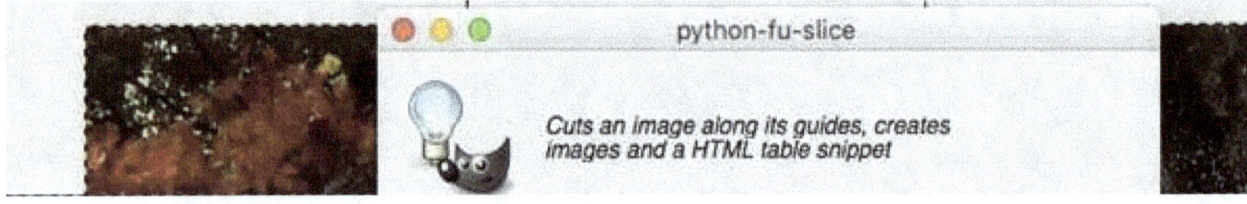

Impostati i valori desiderati, sarà sufficiente avviare l'elaborazione. Dopo qualche secondo, nella cartella di destinazione prescelta si troverà un file HTML, associato a un'ulteriore cartella contenente tutte le immagini che formano i quadranti dell'originale. Aprendo tale file nel **browser**, e verificandone quindi la sorgente, si troveranno quindi tutti i codici relativi all'inclusione delle JPG, GIF o PNG create, nonché eventuali altre funzioni precedentemente impostate. Come da avviso dello stesso GIMP, è comunque utile ricontrollare tutti i tag HTML, poiché il codice non è validato.

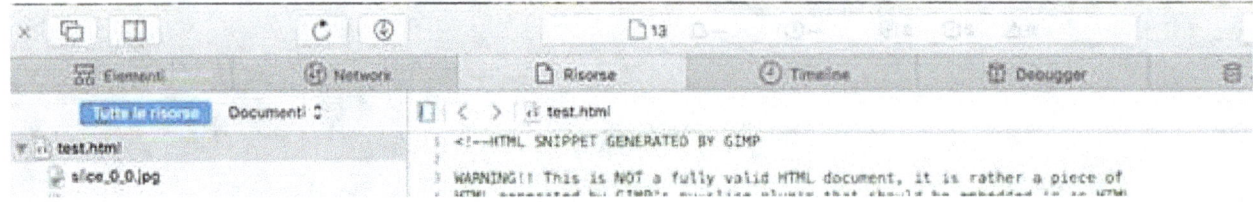

Il filtro **Mappa Immagine** propone un risultato simile al precedente, ma molto più elaborato, sebbene anche in questo caso si tratti di una possibilità mediamente caduta in disuso. Lo strumento permette di definire, con un editor davvero ricco di possibilità, delle **aree sensibili** della fotografia, da arricchire con link, indirizzi mail, codici Javascript e molto altro ancora. Ad esempio, questa funzione può tornare utile qualora si dovessero posizionare dei punti d'interesse su una riproduzione cartografica, affinché cliccandoci con il mouse possano essere visualizzate informazioni aggiuntive o venga aperta una pagina Web collegata. Lo strumento permette di definire l'area sensibile utilizzando poligoni, ellissi o il tracciamento a mano libera. L'unica regola da tenere a mente è evitare che le aree tracciate si sovrappongano l'un l'altra. Anche in questo caso verrà prodotto il codice HTML relativo, così come già visto poc'anzi.

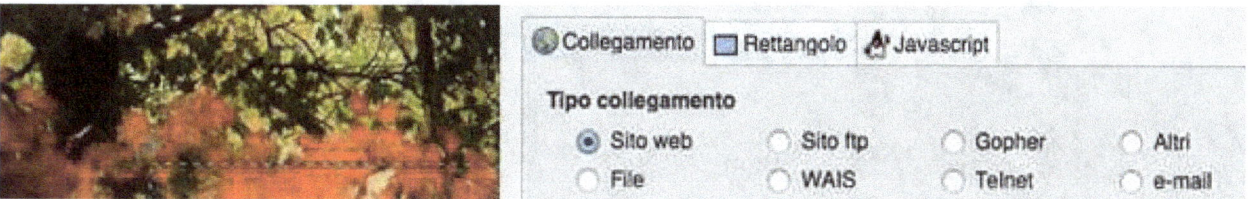

Il filtro **Semi-appiattisci**, infine, risulta utile per mantenere l'**antialiasing** di testi e figure geometriche su tavolozza di colori indicizzata e in trasparenza, come nel caso dei formati GIF. A differenza del PNG, infatti, il formato GIF supporta la trasparenza ma non la semitrasparenza, un fatto a detrimento dell'addolcimento dei contorni delle figure. Lo strumento non fa altro che aggiungere un perimetro in pixel dello stesso colore dello sfondo di destinazione, così da mantenere intatta rotondità e dolcezza, senza però influire sul design finale. Innanzitutto, è necessario impostare dall'apposito comando del Pannello degli Strumenti il colore di sfondo, che deve essere identico a quello di destinazione. Inoltre, si dovrà essere in possesso di un'immagine che disponga almeno di un **canale alfa**, come appunto una GIF o una PNG, altrimenti la funzione rimarrà inaccessibile nell'apposito menu. Avviando l'elaborazione, e ingrandendo il risultato finale, si otterrà l'aggiunta del colore di sfondo di destinazione al perimetro della figura su quelli in trasparenza, mantenendo intatto l'antialiasing.

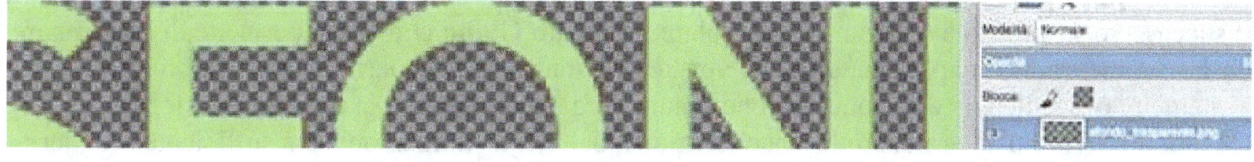

Filtri animazione

Tra i vari filtri disponibili nel software, **GIMP** prevede l'inclusione anche di alcuni strumenti pensati per creare delle elementari **animazioni**. Questa potranno quindi essere ottimizzate ed esportate in GIF, un formato che ha ritrovato popolarità dopo qualche anno nell'oblio, in particolare con l'esplosione dei meme sui social network. Prima di cominciare, bisogna sottolineare come si tratti di **ScriptFu** anche particolarmente impegnativi: per questo motivo, occorre sufficiente pazienza ogni volta che si attiva un determinato filtro, perché potrebbe richiedere diversi minuti per la sua esecuzione. Molto varia, naturalmente, in base alla complessità del risultato e alle dimensioni dell'immagine originale. Il set di strumenti si trova nel menu Filtri, sotto la voce **Animazione**.

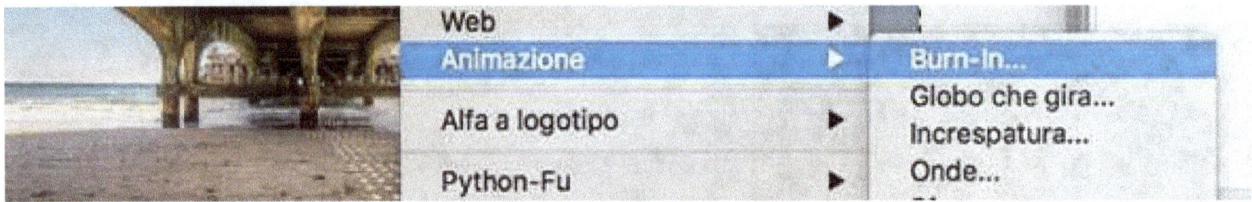

Le animazioni

Il primo filtro a disposizione in lista è quello del **Burn-In**. Così come suggerisce il nome, soprattutto per chi avesse dimestichezza con il video-editing, si tratta di un effetto per passare da un'immagine all'altra con una transizione sfumata, in questo caso progressiva sia dall'alto verso il basto, che da sinistra verso destra. Per funzionare, è necessario che nel layout originale siano presenti almeno due livelli differenti.

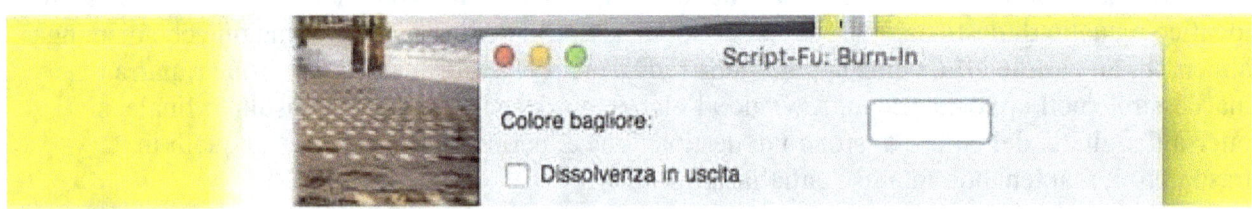

Il successivo strumento è decisamente singolare: intitolato **Globo che Gira**, permette di trasformare un'immagine tramite mappatura, affinché venga posizionata sulla superficie di un globo rotante. L'utente può scegliere la direzione, nonché il numero di fotogrammi e la tipologia di sfondo. Quando lo ScriptFu ha terminato la sua operazione, dal menu Animazioni sarà sufficiente scegliere il comando **Esecuzione** per saggiarne la riproduzione.

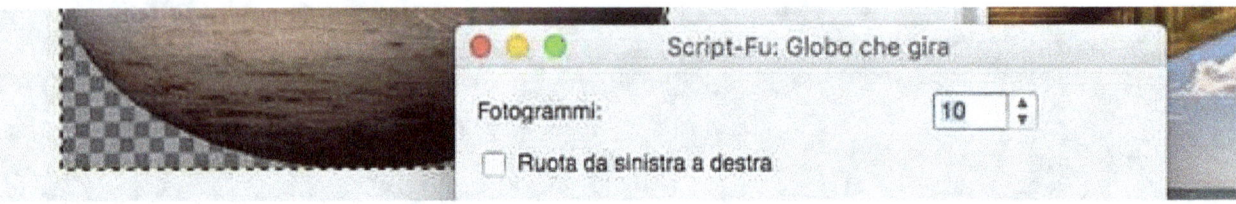

Con **Increspatura**, si torna sulle due dimensioni. Il filtro permette, tramite la ripetizione automatica del comando di Spostamento visto nelle precedenti lezioni, di deformare l'immagine originaria, affinché si ottenga un'effetto simile alle piccole onde sulla superficie dell'acqua. Anche in questo caso, terminato lo ScriptFu, la riproduzione sarà disponibile tramite il comando di Esecuzione. L'effetto trova il suo massimo d'applicazione nelle immagini GIF, tanto da essere uno dei più utilizzati, e a volte abusati, sul Web.

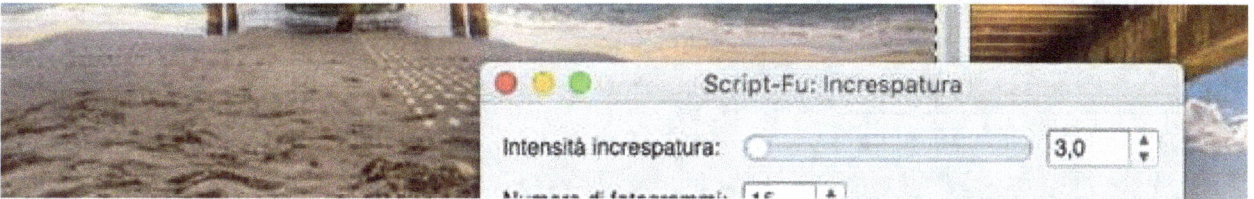

Simile al precedente, il filtro **Onde** riproduce un risultato simile nell'acqua, ma concentrico: è il caso, ad esempio, del lancio di un piccolo masso sulla superficie di uno specchio d'acqua. Anche in questo caso, la riproduzione è disponibile tramite l'apposito comando e l'utente, attraverso la finestra di dialogo, potrà regolarne lunghezza, ampiezza e numero di fotogrammi totali.

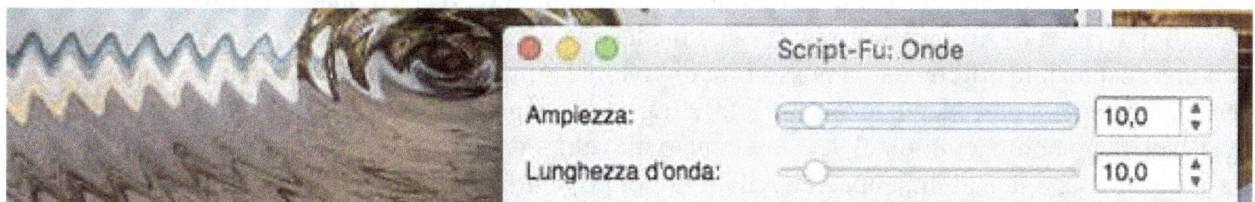

Infine **Sfuma**, permette di animare diversi livelli successivi, affinché sfumino l'un l'altro con un effetto di dissolvenza progressiva. Per funzionare, lo strumento ha bisogno di almeno tre livelli attivi selezionati. Il risultato è sempre disponibile tramite il comando di Esecuzione, mentre l'utente potrà regolare il numero dei fotogrammi intermedi, così come il raggio massimo della sfumatura.

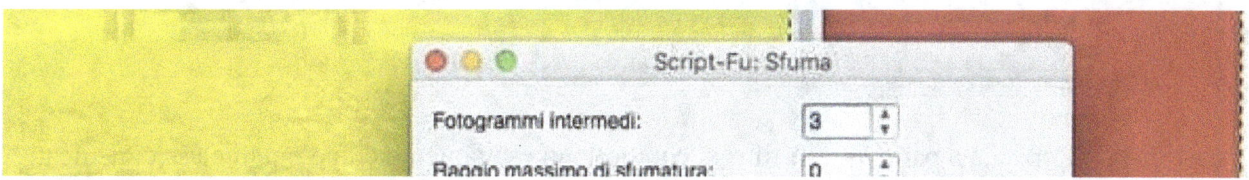

Quando si ha a che fare con formati animati, è naturale si verifichi una perdita delle informazioni visive, per una riduzione della qualità. Molti pixel, infatti, vengono interpolati, mentre altri rimossi per alleggerire l'animazione. Per migliorare, oppure proprio alleggerire, un'animazione finale, accanto ai filtri sono disponibili dei comandi automatici. Fra questi, Ottimizza per Differenze, **Ottimizza GIF** e Deottimizza.

Alfa, Python-Fu e Script-Fu

Dopo aver trattato una carrellata dei filtri artistici e di base più diffusi in **GIMP**, il percorso si conclude con alcuni **strumenti aggiuntivi**, pensati soprattutto per gli utenti avanzati. Fatta eccezione per gli Alfa a Logotipo, che richiedono giusto la conoscenza delle semitrasparente, i due successivi tool potrebbero necessitare di specifici prerequisiti in termini di programmazione. Di seguito, tutte le informazioni utili. Al solito, questi strumenti e le funzioni aggiuntive sono disponibili nel consueto menu **Filtri**.

Alfa a Logotipo

Così come suggerito dal nome, gli strumenti **Alfa a Logotipo** servono principalmente per la definizioni di **testi artistici**, abbelliti dai più vari effetti grafici. Si è già visto in precedenza quella relativa proprio ai testi e ai logotipi, come modificare in modo creativo una stringa di testuale. Questo nuovo set di strumenti si avvale della medesima lista di filtri artistici visti in precedenza, ma con una sostanziale differenza: la possibilità di lavorare su **trasparenze** e **semi-trasparenze**. A differenza della precedente lezione, gli effetti grafici sono applicati qui in base alla trasparenza dei pixel. Come noto, ogni pixel vede assegnato un valore da 0 a 255, dove zero indica la massima trasparenza e 255 la massima opacità. Alfa a Logotipo non fa altro che modificare l'intensità dell'elaborazione scelta a seconda del valore di questi pixel, mantenendone proprio il livello di **opacità** originario. Per lavorare con questi strumenti, di conseguenza, è necessario avere a disposizione un'immagine che presenti un canale alfa, come ad esempio una comune **PNG**.

Questione dell'opacità a parte, questi filtri si comportano esattamente come quelli classici dedicati ai logotipi. Senza entrare nel dettaglio dell'intera lista di possibilità, che si è già avuto modo di trattare, è comunque utile procedere con alcuni esempi. La modalità **Congelato**, ad esempio, permette di ottenere un testo glaciale, circondato da spine di ghiaccio, su un fondo di colore predefinito dall'utente.

Incandescenza, invece, aggiunge al testo un bagliore molto intenso, simile a quello del ferro sottoposto ad alte temperature, con il tipico effetto blur dovuto all'intensità della luce e sfondo ovviamente scuro.

Proseguendo con **Sfumato**, si otterrà un testo lievemente in rilievo e con ombreggiatura, su uno sfondo a gradiente dai colori definiti dall'utente.

Neon, così come suggerisce il nome, mima invece il tipico bagliore di un'insegna luminosa, con un minimo effetto blur e un arrotondamento dei testi.

E così per tutti gli altri strumenti disponibili in lista. Si ricorda che, trattandosi si Script-Fu, non sarà possibile vedere il risultato in anteprima: bisognerà applicare direttamente il filtro.

Python-Fu

Si sarà certamente notato come il menu presenti, successivamente agli alfa già illustrati, il sottomenu **Python-Fu**. Questo, al suo interno, conserva una console, dove è possibile immettere stringhe di comandi. Di che si tratta? La **console Python-Fu**, è una finestra di dialogo che esegue una shell Python, ovvero un interprete interattivo di questo linguaggio di programmazione. Utilizza le librerie interne di GIMP, le *libgimp*, per permettere di lanciare autonomamente comandi. Tale funzione serve soprattutto agli sviluppatori, ad esempio per coloro che volessero realizzare dei plugin terzi per il photoeditor.

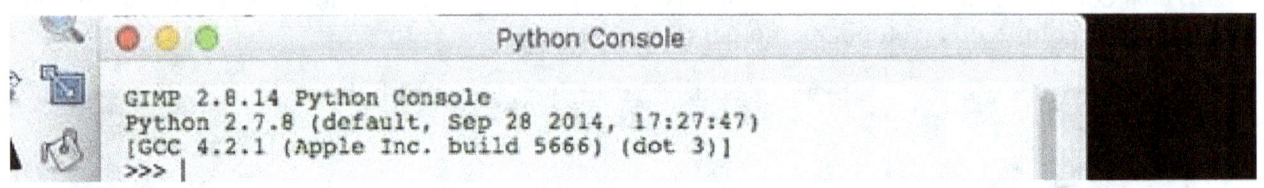

Script-Fu

Durante questo percorso, ci si è trovati frequentemente a lavorare con gli **Script-Fu**. Come l'esercitazione pratica ha ben suggerito, si tratta di macro (ovvero dei "contenitori") che raggruppano funzioni già disponibili in GIMP, per ripetere secondo una sequenza prestabilita una serie di comandi al fine di ottenere un determinato risultato grafico. In altre parole, gli Script-Fu accorpano procedure utilizzate molto di frequenze o scalette di lavoro lunghe e complesse da ricordare. Si tratta, ovvero, di un'**automatizzazione**: anziché richiedere all'utente di eseguire passaggio per passaggio la modifica grafica fino al risultato finale, lo script fa da sé applicando progressivamente ogni singola istruzione. In questo menu sono presenti i comandi **Aggiorna**, che permette di ricaricare gli Script-Fu installati per controllare variazioni o nuove aggiunte, e **Server**, quest'ultimo per consentire a un server remoto di leggere le istruzioni presenti negli script. Così come in ambito Python, anche in questo caso esiste una **Console** per inserire manualmente comandi, anche per creare Script-Fu personalizzati. Il linguaggio scelto è Scheme.

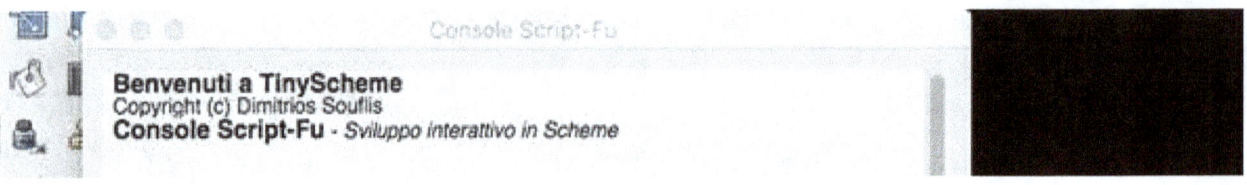

Aggiungere filtri di terze parti

Dopo aver appreso il funzionamento di base delle console per i Python-Fu e gli Script-Fu, è utile sapere come **GIMP** possa avvalersi di moltissime **risorse di terze parti**. Sul web, infatti, sono presenti migliaia di plugin, di script e di filtri per arricchire, secondo le proprie esigenze, l'esperienza d'uso del software. Ma come aggiungerli alla propria versione? Il primo passo per arricchire GIMP di nuove funzioni è quello di trovare, navigando sul web, un sito che raccolga tutte le risorse da scaricare. Fra i più grandi, non si può non citare il **GIMP Plugin Registry**, che ospita in ordine alfabetico un gran numero di script e plugin.

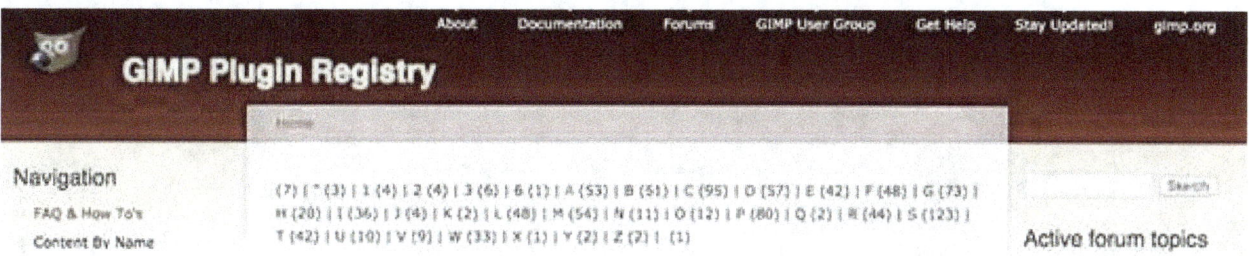

Scorrendo l'elenco, si potrà scaricare la risorsa di propria preferenza. Questa potrà essere in **formato PY**, quindi relativa a un plugin Python, oppure in **SCM**, quindi Script-Fu. Qualora dopo il download ci si trovasse di fronte a un documento di testo, sarà sufficiente modificare le estensioni in .py o .scm seguendo le procedure solite del proprio sistema operativo.

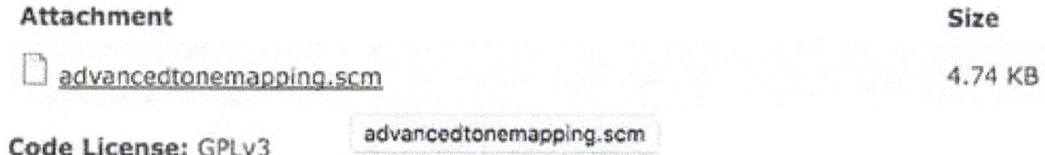

A questo punto, lo script dovrà essere aggiunto nella relativa cartella di GIMP. Per scovare in quale posizione la cartella degli script si trovi, un dato variabile a seconda del sistema operativo, si deve selezionare l'opzione **Cartelle** del menu **Preferenze**, questo localizzato all'interno di File. Espandendo i sottomenu della colonna di sinistra, si troveranno le diciture Plugin e Script: il primo è relativo alle elaborazioni Python-Fu, il secondo agli Script-Fu. Sulla destra, invece, si prenda nota delle directory mostrate: sono quelle dove andrà inserito il pacchetto scaricato.

A seconda del sistema operativo in uso, in elenco si troveranno diverse **directory**. Per comprendere quale sia corretta, basterà verificare il numero di script in essa contenuti: se la cartella fosse vuota, infatti, non sarà quella utile a questo scopo. Si scelga sempre, di conseguenza, la locazione sul computer che garantisce il maggior numero di file, anche controllandone il nome: si riconosceranno i filtri di default, una conferma più che sufficiente della correttezza della procedura. A questo punto, non resta che copiare il file scaricato.

Copiato il file, è necessario permettere al programma di riconoscerlo e aggiungerlo alle proprie funzioni. Dal menu Filtri si scelga **Script-Fu**, dopodiché la voce **Aggiorna gli Script**.
Non si riceverà nessuna conferma a schermo, ma basterà controllare nei menu dei filtri se il nuovo strumento sia stato effettivamente compreso. Se così non fosse, si provi riavviando completamente il software e, qualora nemmeno questo tentativo fosse andato a buon fine, significa che vi è stato un errore in fase di inclusione nella cartella. Si verifichi, di conseguenza, di aver scelto la giusta directory. In caso tutto fosse andato nel verso giusto, lo script apparirà in uno dei vari sottomenu, in questo caso nella sezione **Miglioramento**.

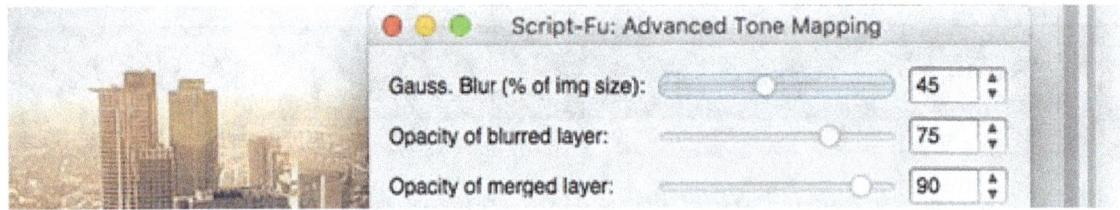

Le possibilità di questa personalizzazione sono davvero infinite e, non ultimo, garantiscono di poter modellare GIMP secondo le proprie esigenze. Esistono script per automatizzare i compiti più comuni, come la regolazione automatica delle curve, altri creativi, altri ancora di catalogazione.
Lo stesso vale anche per i plugin: un universo di sconfinate possibilità.

Indice

Gimp

ISBN 9781447833253